Mes petites énigmes

LECTURE MYSTÈRE

CM1 et CM2
9–11 ans

À la poursuite du pyromane

Aute
Lydia Hau

Traduct
Sophie Lamotte d'Argy

Illustrateur
Joachim Krause

hachette
ÉDUCATION

Maquette de couverture : Hung Ho Thanh
Maquette intérieure : Mélissa Chalot
Illustration de couverture : Joachim Krause
Colorisation des illustrations : Aurélie Frémineur
Réalisation PAO de l'intérieur : Médiamax

Title of the original German edition: *Die Piranha-Piraten jagen den Brandstifter*

Cet ouvrage a été proposé à l'éditeur français par l'agence Editio Dialog, Lille.

Crédit des images : fond matière bois ; paire de lunettes ; boussole ; punaise ; trombone : © Shutterstock.

ISBN : 978-2-01-722234-7

www.parascolaire.hachette-education.com

Achevé d'imprimer en Mars 2023 en Espagne par Grafo - Dépôt légal : Avril 2023 - Édition 01

Sommaire

La tête de dragon disparue 6

Une affaire délicate 32

L'enlèvement du python royal 60

La chronique falsifiée 84

Racket dans la cour de récréation 106

La Perle des mers est un vieux bateau de pêche qui sert de point de rendez-vous aux Pirates. C'est de ce chalutier que s'élancent les détectives pour donner la chasse aux truands. Intrépides comme des pirates, ils sont la terreur des criminels de toutes sortes.

Le Club des pirates

Léa

Léa a des yeux de lynx et un grand sens de la justice. Souvent, les investigations n'avancent pas assez vite à son goût. Schumacher, sa souris, est rapide comme l'éclair et adore les miettes de biscuits.

Lucas

Lucas est le frère jumeau de Léa. Ce qu'il aime par-dessus tout, c'est faire des recherches sur Internet. Toujours prêt à décocher une bonne plaisanterie, il ne se laisse pas facilement démonter.

Quentin

Quentin démasque les criminels grâce à ses brillantes déductions. Et il connaît beaucoup d'astuces qu'il a retenues de la lecture de ses romans policiers.

Policier, Guillaume est toujours là pour aider les Pirates. C'est lui qui intervient quand la situation risque de mal tourner pour les jeunes héros.

Guillaume

Léon Martin

C'est à lui qu'appartient *La Perle des mers*. Le vieux marin est l'oncle de Guillaume et un grand supporter des Pirates.

La tête de dragon disparue

1. Une chute

— Hmm… délicieuses ! marmonna Lucas en engloutissant une poignée de mûres. Une chance que nous soyons les seuls à nous aventurer jusqu'ici en planche à voile ; personne d'autre ne les mangera !

— Mouais…

Quentin s'enfonça un peu plus avant dans les buissons.

— N'empêche que, sans les ronces, ce serait encore mieux…

— Vous êtes décidément insatiables[1] ! s'exclama Léa qui se prélassait sur la plage de l'île aux Mouettes. Moi j'arrête, je suis rassasiée[2]. Et s'il continue à se goinfrer comme ça, Schumacher va devenir énorme…

Calée sur le ventre de sa maîtresse, la petite gerbille[3] tenait avec adresse une mûre entre ses deux pattes avant. Millimètre après millimètre, elle la grignotait de ses incisives, puis en mâchouillait chaque particule avant de l'avaler avec un plaisir non dissimulé.

— Aïe ! s'écria soudain Lucas du fond des broussailles.

On entendit craquer des branches. Effrayé, Schumacher fila se réfugier dans la poche ventrale de sa maîtresse.

— Ne crie donc pas comme ça ! râla Léa. Qu'est-ce qu'il y a encore ?

— Quelque chose m'a fait trébucher et je me suis étalé en plein milieu des ronces, gémit Lucas. Ouille !… Tiens, bizarre… Qu'est-ce que c'est que ça ?

Il se releva prestement[4], puis fonça retrouver ses camarades.

— Il faut absolument que je vous montre un truc !

1. insatiables : dont la faim ne peut être apaisée.
2. rassasiée : qui n'a plus faim.
3. gerbille : petit rongeur.
4. prestement : rapidement et agilement.

Qu'a trouvé Lucas ?

2. Un jour plus tard...

Le lendemain, Lucas désigna, avec fierté, un morceau de bois qui dépassait du sable.

— Regardez ce motif gravé, monsieur Martin ! J'en ai tout de suite déduit que cet objet devait être très ancien. Nous l'avons pris en photo pour le montrer à M. Verneuil, notre voisin qui travaille à l'Institut d'archéologie.

À l'aide d'un pinceau, l'archéologue, M. Verneuil, fit apparaître le motif en le débarrassant du sable qui le recouvrait.

— Hmm..., grommela-t-il, ce bout de bois pourrait bien provenir d'un bateau de Vikings.

— Allons bon ! s'exclama le vieux loup de mer, interloqué[1]. Une épave de Vikings, là, sous nos pieds ? Et pourquoi pas aussi quelques coffres à trésors, tant que nous y sommes...

M. Verneuil hocha la tête.

— Ça ne manquerait certes pas de piquant. Mais c'est aussi justement ce qui m'inquiète, ajouta-t-il en soupirant.

Lucas fronça les sourcils.

— Ah, mais pourquoi ? Hier, quand nous vous avons fait part de notre découverte, vous sembliez pourtant vous en réjouir...

— Bien sûr, mais récupérer et abriter ce bateau dans de bonnes conditions coûte très cher, et notre institut n'a pas beaucoup d'argent. J'espère que les divers organismes qui financent nos travaux nous feront bientôt parvenir les fonds nécessaires.

Son assistante, qui était en train de fouiller les fourrés, se redressa.

— Et d'ici là, motus ! Personne ne doit être mis au courant de l'existence d'une telle épave, dit-elle. Sinon, elle risque d'être dépouillée en un éclair, et il ne nous en restera que les miettes.

— Nous veillerons à ce que cela n'arrive pas ! murmura Léa.

---

1. interloqué : très étonné.

Qui Léa a-t-elle repéré ?

3. Une seconde découverte

Du menton, Léa désigna la mer.

— Quelqu'un nous observe avec des jumelles depuis ce bateau à voiles blanches et bleues !

Le voilier immobilisé se remit en route, puis s'éloigna à vive allure. La voix de l'assistante retentit soudain derrière le buisson de mûres :

— J'ai trouvé quelque chose !

Tous se hâtèrent alors d'aller rejoindre la jeune femme agenouillée dans le sable, occupée à déterrer un objet.

— On dirait une tête de dragon sculptée. Une découverte inédite[1] !

— Comment ça, inédite ? s'étonna Lucas.

— Jusqu'à présent, nous ne connaissions les figures de proue[2] de bateaux vikings que d'après des illustrations ou des textes anciens, mais nul n'en avait encore mis au jour !

Même M. Verneuil commençait à être tout excité.

La jeune femme se redressa.

— Je vais prendre quelques clichés. Ensuite, nous recouvrirons notre trésor avec des branchages.

Peu après, les Pirates l'aidèrent à rendre à l'emplacement son aspect initial. Bientôt, il semblait ne jamais y avoir eu là autre chose qu'un buisson de mûres.

— Ce sera tout pour aujourd'hui, déclara finalement M. Verneuil. D'ici quelques jours, nous examinerons cet échantillon de bois au laboratoire. Cela nous permettra de déterminer l'âge de l'épave.

Tous se dirigèrent alors vers le bateau de Léon Martin.

— Je crois que nous sommes à nouveau observés, dit soudain Quentin tandis qu'il s'apprêtait à embarquer.

---

1. **inédite** : nouvelle ou originale.
2. **proue** : partie avant d'un navire.

Où se trouve l'observateur ?

4. Avis de tempête

Depuis la plage, Quentin avait vu, à deux reprises, clignoter des signaux lumineux.

— Ce sont bien des jumelles, confirma Lucas. Les verres reflètent les rayons du soleil…

— C'est peut-être ce type qui, tout à l'heure, quand nous avons quitté le port, nous a regardés avec tellement d'insistance, supposa Léa.

Elle soupira :

— Si je m'écoutais, je resterais ici jour et nuit pour monter la garde.

— Vos parents ne seraient sûrement pas d'accord, rétorqua Léon Martin qui se tenait devant le gouvernail en se frottant les mains. En tout cas, personne ne viendra voir l'épave cette nuit. Mes articulations me disent que le temps est en train de virer à l'orage.

Lucas se mit à rêver à voix haute :

— À tous les coups, c'est lors d'une nuit de tempête comme celle-ci que notre bateau viking a échoué sur l'île…

Léon Martin ne s'était pas trompé : la nuit même, une violente tempête se leva. Et, le lendemain matin, le vent soufflait toujours, faisant tanguer *La Perle des mers* et grincer ses vieilles poutres. Des averses fouettaient la plage, enveloppant l'île aux Mouettes d'un épais linceul gris. Même avec leurs jumelles, les Pirates ne pouvaient rien y discerner.

Nos jeunes détectives durent attendre deux longs jours que la mer se calme pour pouvoir, à nouveau, se rendre sur l'île en planche à voile. Mais, avant même d'avoir atteint le rivage, ils constatèrent que des visiteurs étaient déjà venus sur les lieux de leur découverte archéologique !

Quels changements survenus sur l'île permettent aux Pirates de savoir qu'ils ont été devancés ?

5. Trahis par la valise de l'archéologue

— Quelqu'un s'est frayé[1] un chemin dans les broussailles ! s'exclama Léa, stupéfaite.

— Impossible que ce soit le type du voilier aux voiles blanches et bleues, cria Lucas pour se faire entendre malgré le ressac[2]. Avec une tempête pareille, personne n'a pu sortir en mer !

Leurs planches avaient beau glisser à toute allure sur les flots, le trajet jusqu'à l'île leur sembla interminable.

— Détrompe-toi, objecta Quentin en sautant sur le sable : avec un bateau à moteur, c'est parfaitement possible. Peut-être l'homme du port a-t-il voulu connaître la raison de cet attroupement sur l'île ?

— Tout à fait, acquiesça Luca :.

Il tira sa planche sur le rivage.

— Moi, je pense que, si cet inconnu nous a observés depuis la plage, c'est parce qu'il a été intrigué par l'inscription sur la mallette de l'archéologue ; il a flairé le gros coup !

Les Pirates coururent vers le sentier.

— Et on dirait bien qu'il l'a trouvé, répliqua Léa. Regardez : il a tout saccagé ! Maintenant, je comprends mieux pourquoi les archéologues redoutent tellement les fouilleurs clandestins, poursuivit-elle en tapant du pied d'un air rageur. C'est monstrueux ! Comment peut-on faire une chose pareille ?

---

1. **s'est frayé** : est passé en écartant tout ce qui gêne.
2. **ressac** : retour violent des vagues sur elles-mêmes.

Qu'a remarqué Léa ?

6. Enfoui sous le sable

— Le type a déterré la tête de dragon ! constata également Quentin, horrifié.

— Il… il l'a purement et simplement… décapitée à la scie ! bafouilla Lucas. Notre si précieux trésor !

Abasourdis[1], les Pirates contemplaient les divers emplacements où l'on avait visiblement essayé de creuser pour atteindre le bateau échoué.

— Vous croyez qu'en plus de la tête de dragon, ils ont aussi volé autre chose ? finit par demander Léa aux garçons.

— Aucune idée, dit Quentin en haussant les épaules. Mais ça m'étonnerait. La plus grande partie de l'épave semble être profondément enfouie sous le sable.

— Hier, j'ai fait quelques recherches Internet sur les Vikings. J'ai ainsi appris que le fond de leurs bateaux était toujours plat, expliqua Lucas. Seules la proue surmontée de la tête de dragon et la partie arrière ornée de motifs pointaient haut vers le ciel.

— Sans doute précisément les deux éléments que nous avons trouvés jusqu'ici, en déduisit Quentin.

Léa lâcha un soupir.

— En tout cas, nous devons immédiatement en informer M. Verneuil, dit-elle en attrapant son téléphone portable au fond de son sac à dos. Son numéro n'est pas dans mon répertoire, mais je vais prendre quelques photos et, ensuite, nous irons à l'Institut.

Bientôt, nos jeunes détectives regagnèrent leurs planches à voile.

— Attendez une seconde ! s'écria soudain Quentin qui se figea sur place. Je crois que nous détenons un premier indice quant au malfaiteur !

---

1. **abasourdis** : stupéfaits.

Quel indice Quentin a-t-il découvert ?

7. Une vraie catastrophe !

Quentin montra aux jumeaux deux manches qu'il venait de trouver sur une grosse pierre.

— Avant-hier, ces manches n'étaient pas là – j'en suis sûr !

— En creusant, le voleur les a probablement dégrafées de sa veste parce qu'il a eu trop chaud, conclut Lucas en déposant délicatement les deux pièces à conviction dans le sac à dos de Léa. Dommage qu'on ne puisse pas savoir si ce sont bien celles de l'homme du port. Quand nous l'avons vu avant-hier, il était en T-shirt. Essayons de le retrouver afin de vérifier que sa veste n'a plus de manches.

Léa repoussa une mèche de son front.

— Non, je pense que nous devrions plutôt suivre la seconde piste : celle de la tête de dragon disparue.

Les Pirates se rendirent sur le continent en planche à voile, récupérèrent leurs vélos remisés à bord de *La Perle des mers*, puis foncèrent à l'Institut d'archéologie.

— Mais c'est une véritable catastrophe ! gémit M. Verneuil, tandis qu'il examinait les photos de Léa. Il s'agit là du vol d'un bien culturel d'une valeur inestimable ! Tout ça pour pouvoir en soutirer quelques euros…

Lucas dressa l'oreille.

— Vous voulez dire que le malfaiteur a l'intention de vendre la tête de dragon ? et peut-être même via Internet ?

— Cela me semble assez peu probable, répondit M. Verneuil. Le voleur se doute forcément que nous autres, gens du métier, allons immédiatement lancer un avis de recherche. Mais, bien que la loi l'interdise, il n'est pas rare de retrouver ce genre d'objet sur les marchés aux puces.

Soudain, Quentin siffla entre ses dents.

— Je sais où nous devrions aller jeter un œil ! dit-il.

À quel endroit Quentin fait-il allusion ?

8. Un malfaiteur pas bien futé

Lucas était, lui aussi, en train de lire l'affiche qui annonçait une brocante pour le samedi suivant.

— Avec mon œil averti de détective, j'ai, bien sûr, tout de suite repéré à quoi tu faisais allusion.

— Parce que vous croyez vraiment que le pillard aura le culot de venir revendre la tête de dragon ici, à Saint-Pierre-sur-Mer ? s'étonna M. Verneuil en haussant les sourcils. Mais non, voyons : ce serait beaucoup trop risqué pour lui !

— Vous n'avez pas idée à quel point certains malfaiteurs peuvent parfois être idiots, riposta Léa. L'autre jour, j'ai lu dans le journal que, juste avant de dévaliser une banque, un cambrioleur s'était installé au guichet pour remplir le coupon d'un jeu-concours dans lequel il mentionnait son nom et son adresse. Il a été filmé par la caméra de surveillance et, quand, une demi-heure plus tard, la police s'est présentée à son domicile, il a lui-même ouvert la porte aux agents.

— Incroyable ! s'esclaffa[1] M. Verneuil. Espérons que notre homme nous simplifiera la tâche de la même manière. Quoi qu'il en soit, je vous accompagne à cette brocante !

— Super ! Quant à moi, je vais immédiatement signaler notre ami à la police, dit Léa en composant le numéro de portable de Guillaume.

Le samedi matin, M. Verneuil et Guillaume arrivèrent presque en même temps à la brocante où les attendaient les Pirates.

— Nous avons déjà parcouru tous les stands, les informa Lucas. On n'a rien trouvé. La tête de dragon…

— Regardez, là-bas ! l'interrompit sa sœur.

---

1. **s'esclaffa** : éclata de rire bruyamment.

Qu'a repéré Léa ?

9. On met le turbo !

— Voilà le type du port, et il porte la veste à laquelle correspondent les manches ramassées sur l'île ! s'exclama Léa en désignant du menton l'espace situé derrière le kiosque à musique. Et le paquet enveloppé de papier qu'il a avec lui contient certainement la tête de dragon !

Afin de pouvoir lorgner discrètement dans la direction indiquée, Quentin fit semblant de régler sa montre sur l'horloge du kiosque.

— Exact. La taille semble parfaitement correspondre.

— Vous croyez ? questionna M. Verneuil en dévisageant le suspect. Bon ; alors, qu'est-ce qu'on fait, maintenant ?

Au même moment, l'homme au paquet mystérieux se sentit observé. Il s'enfonça alors dans la foule à grandes enjambées et disparut de la vue des Pirates.

— Maintenant ? répéta Léa, surexcitée. Ben, maintenant, on met le turbo ! Le gars est en train d'essayer de nous échapper…

Elle s'élança aussitôt à ses trousses[1], talonnée par ses camarades.

— Là, je le vois à nouveau, s'écria Guillaume. Il vient juste de passer devant le stand des pièges à souris !

Lucas, lui aussi, avait eu le temps d'apercevoir le suspect.

— Ah oui, j'ai bien repéré le stand ; mais où notre homme a-t-il pu déposer la tête de dragon ? demanda-t-il.

1. **à ses trousses** : à sa poursuite.

Où se trouve le mystérieux paquet ?

10. Disparu sans laisser de traces

— Là, sous le stand des statuettes africaines !

Tout en poursuivant sa course, Quentin se tourna vers M. Verneuil qui, hors d'haleine[1], s'efforçait, tant bien que mal, de suivre le mouvement.

— Le mieux serait que vous récupériez le paquet tout de suite ; pas question que la tête de dragon disparaisse à nouveau !

— D'accord, je m'en occupe, répondit l'archéologue.

Soulagé, il s'immobilisa, tandis que les Pirates et Guillaume continuaient à se faufiler à travers la cohue.

— Incroyable que tant de personnes tiennent tellement à acheter toutes ces vieilleries, s'étonna Lucas en enjambant un petit chariot qu'un jeune couple tirait derrière eux au beau milieu de la chaussée.

— En tout cas, ça facilite la tâche de notre fugitif ; j'ai l'impression qu'il nous a semés…

— Je ne le vois plus, moi non plus, constata Guillaume, déçu.

— Mais si, regardez-le : il court devant ! s'écria Léa. Allez, plus vite, sinon nous allons définitivement perdre sa trace !

1. **hors d'haleine** : très essoufflé.

Où se trouve le fugitif ?

11. Une ruelle toute droite

Une fois parvenus au bout de la jetée qui bordait la plage, nos jeunes détectives et Guillaume s'engagèrent dans une ruelle au coin de laquelle Léa venait de voir disparaître la chaussure droite du suspect.

— Attention, obstacle ! annonça soudain Lucas.

Effrayés, les quatre amis stoppèrent net afin d'éviter de s'étaler sur le hayon[1] grand ouvert d'un camion de livraison.

Le chauffeur était occupé à décharger des caisses de bière qu'il comptait, ensuite, livrer à un café en passant par une entrée latérale[2]. Hormis un second camion garé un peu plus loin, il n'y avait rien ni personne d'autre en vue.

— Mince ! Où notre homme est-il passé ? grogna Léa.

Guillaume scrutait également la longue rue rectiligne.

— Il n'a pas pu arriver à l'autre bout en si peu de temps, alors que nous étions sur le point de le rattraper !

— Hmm... à moins que..., hasarda Quentin en reprenant son souffle, à moins qu'il ne se soit réfugié à l'intérieur du café pour en ressortir par une porte de service.

— Pas bête, estima Guillaume.

Mais Lucas hochait la tête d'un air dubitatif.

— Impossible. Ne voyez-vous donc pas ce que je vois ?

---

1. **hayon** : porte arrière de certains véhicules, qui s'ouvre de haut en bas ou de bas en haut.
2. **latérale** : qui se trouve sur le côté.

Qu'est-ce qui permet à Lucas d'affirmer que le voleur n'est pas dans le café ?

12. La cachette

— Ah oui, le café n'ouvre qu'à 11 h. C'est écrit en toutes lettres sur cette pancarte accrochée dans la vitrine, constata Léa.

Sourcils froncés, elle parcourut à nouveau la rue du regard.

— Bon sang, le gars n'a pas pu se volatiliser comme ça ! Je propose que nous inspections toutes les maisons.

Le portable de Guillaume sonna.

— Ah, oncle Léon, quoi de neuf ? articula-t-il dans l'appareil... Non, nous n'avons toujours pas réussi à remettre la main sur notre fouilleur clandestin. Mais la tête de dragon, elle, est en sécurité.

Impatients, les Pirates faisaient signe à leur ami de mettre un terme à sa conversation téléphonique.

— Nous n'avons pas une minute à perdre, lui souffla Lucas. Dis-lui que nous lui raconterons tout plus tard...

— Bon, oncle Léon, je dois te laisser..., conclut Guillaume au moment même où réapparaissait le livreur de boissons.

— Poussez-vous, bougonna ce dernier d'un ton peu amène[1].

Les bras chargés de caisses de bouteilles vides, il passa devant les Pirates et monta à l'arrière du véhicule.

Quentin émit alors un léger sifflement, puis posa l'index sur ses lèvres d'un air conspirateur.

---

1. **peu amène** : peu aimable.

Qu'a aperçu Quentin ?

13. Des débris de verre qui portent chance

Sans un mot, Quentin désigna l'arrière du camion. Derrière les caisses de bière empilées, Guillaume et les jumeaux découvrirent alors, à leur tour, une casquette.

Nos jeunes détectives échangèrent un regard furtif[1]. Super ! Le malfaiteur était fait comme un rat !

Ne montez pas dans le camion, chuchota Guillaume aux Pirates.

Puis il poussa énergiquement le chauffeur sur le côté et s'avança sur le hayon.

— Mais... dites donc, vous ! protesta celui-ci.

Derrière les caisses de bière, la casquette se mit soudain en mouvement.

— Guillaume, attention ! lança Quentin. Il est peut-être armé...

Le policier s'approcha alors des caisses de bouteilles.

— Les mains en l'air ! ordonna-t-il. Descendez lentement du véhicule. Et inutile de résister !

Rien ne bougea. Guillaume se dirigea alors prudemment derrière les caisses et laissa échapper un juron :

— Bon sang, le gars a encore disparu !

Il eût mieux fait de se taire, car, au même moment, le malfaiteur ouvrit la porte latérale, sauta du camion et s'enfuit en courant.

— Rattrapons-le ! s'écria aussitôt Léa.

Mais Lucas retint sa sœur par la manche.

— Non, pas cette fois-ci, dit-il sèchement. Ça pourrait mal tourner...

---

1. **furtif** : discret et rapide.

Qu'a aperçu Lucas ?

Une affaire délicate

1. Sirènes hurlantes

M. Lambert frappa à la cabine de *La Perle des mers*.

— J'ai fini ma journée de travail ! annonça-t-il. Je peux entrer ? Je vous apporte votre salaire pour les deux heures que vous avez passées à nettoyer les fauteuils de plage.

Léa s'empressa de lui ouvrir la porte.

— Génial ! s'exclama-t-elle. La caisse de notre club de détectives a bien besoin d'être renflouée[1]. Et puis, tu vas pouvoir trinquer avec nous, Papa ! Nous sommes justement en train de célébrer le dénouement de notre dernière affaire.

— Attention à ne pas trinquer trop fort, ajouta Lucas en souriant. Sinon, il va encore y avoir du verre cassé. Bon sang, quel bruit, hier soir, quand le type s'est fracassé contre la vitre !

Quentin confirma la chose.

— Et il s'en est tiré avec quelques coupures superficielles[2].

— À votre succès !

M. Lambert leva son verre de jus et le but cul sec.

— De gros nuages noirs arrivent du nord, poursuivit-il. Un orage va bientôt éclater. Vous feriez mieux de rentrer avec moi à la maison.

— Oh non, protesta Léa en faisant la moue. J'adore être à bord de *La Perle des mers* quand le tonnerre gronde et qu'il y a des éclairs ! Et puis, ici, nous sommes en sécurité...

— Hmm..., hésita M. Lambert. Bon, entendu. Mais restez dans la cabine jusqu'à ce que la tempête se soit calmée. D'accord ?

Les Pirates s'empressèrent d'acquiescer et tinrent bel et bien leur promesse. Car, lorsqu'une heure plus tard ils se précipitèrent sur le pont en entendant les sirènes hurler, l'orage était passé depuis longtemps.

---

1. **renflouée** : remplie à nouveau.
2. **superficielles** : à la surface.

Pourquoi entend-on les sirènes ?

2. Un incendie dans les beaux quartiers

— Il y a le feu là-bas, murmura Lucas en voyant s'élever de la fumée à l'autre bout de la ville.

— Ce doit être dans les quartiers résidentiels, supposa Quentin.

— On y va ? suggéra Léa.

Dans l'air flottait une odeur de roussi[1] – et d'aventure ! Lucas haussa les épaules.

— Ben... je ne sais pas. Je ne vois pas en quoi ça pourrait être une affaire pour nous, puisque, de toute évidence, c'est la foudre qui a frappé.

— Pas forcément, objecta Lucas en fronçant les sourcils. J'ai déjà vu un film policier où des pyromanes[2] avaient justement profité d'un orage pour déclencher un incendie, en catimini !

— Allez, pas une minute à perdre, trancha Léa en allant chercher Schumacher dans la cabine.

À bicyclette, nos jeunes détectives ne mirent pas longtemps à rejoindre les beaux quartiers. Plusieurs camions de pompiers étaient déjà stationnés dans une des rues paisibles et impeccablement entretenues, et des pompiers dirigeaient de puissants jets d'eau sur le jardin d'une propriété. L'incendie s'était propagé dans un garage où étaient garées au moins quatre voitures. De petites flammes isolées perçaient encore çà et là à travers la toiture, mais les pompiers semblaient avoir réussi à éviter le pire.

— Tiens, tiens... Regardez qui est déjà sur place, à mener l'enquête ! fit remarquer Léa.

---

1. roussi : odeur de ce qui a commencé à brûler.

2. pyromanes : personnes qui allument volontairement des incendies.

Qui Léa a-t-elle tout de suite repéré ?

3. La police mène l'enquête

Après avoir attaché leurs vélos, les Pirates coururent vers le grand portail à côté duquel Guillaume s'entretenait avec un monsieur d'un certain âge.

Tandis qu'il s'approchait de l'entrée de la propriété, Quentin put lire sur une plaque en cuivre fixée au portail : « V. Lapierre, consul[1] de Belgique ».

— Je n'ai aucune idée de ce qu'est un consul, mais ça a l'air chic, dit-il à voix basse.

— Mais pourquoi tenez-vous à ouvrir une enquête, puisque l'incendie a été provoqué par la foudre ? demanda le monsieur à Guillaume.

— Vous avez probablement raison, répondit ce dernier, mais, lors d'un incendie, la police se doit toujours d'en déterminer l'origine.

— Hello, Guillaume ! s'exclamèrent Quentin et les jumeaux avant de saluer poliment le consul.

— Oh, puis-je vous présenter le Club des pirates ? déclara Guillaume au consul. Ces trois-là ont déjà fréquemment aidé la police en menant leur enquête de leur côté.

— Cet incendie pourrait avoir été provoqué dans le but de camoufler un cambriolage, suggéra immédiatement Léa.

Le consul Lapierre haussa un sourcil condescendant[2].

— Et comment, d'après vous, le malfaiteur aurait-il réussi à pénétrer à l'intérieur de ma propriété ? dit-il en désignant les hautes grilles de fer forgé. Personne ne peut escalader la clôture, et le portail est resté fermé jusqu'à l'arrivée des pompiers.

— Le grand portail, peut-être, objecta Léa, mais il existe une autre voie d'accès.

---

1. **consul** : diplomate qui s'occupe des intérêts de ses compatriotes dans un pays étranger.
2. **condescendant** : méprisant.

À quelle autre entrée Léa fait-elle allusion ?

4. Des chiens de garde en liberté

Léa désigna un portail latéral.

— Cette chaîne a très bien pu être détachée de l'extérieur. Elle n'est pas cadenassée, mais simplement nouée.

— Effectivement, grommela M. Lapierre. Méphisto ! hurla-t-il tout à trac[1].

Un homme à casquette accourut aussitôt.

— Pas d'inquiétude, patron ! La Rolls-Royce et les deux Bentley sont en sécurité.

Méphisto est mon chauffeur, précisa le consul à Guillaume.

Puis, se tournant vers son employé d'un air glacial :

— Très bien. Mais ne vous ai-je pas demandé, hier, d'installer un nouveau cadenas sur le petit portail ?

Le chauffeur ôta sa casquette.

— Désolé, Monsieur le consul, mais j'ai dû conduire la Mercedes chez le garagiste. Et... changer le cadenas m'a semblé moins urgent, puisque, de toute façon, les chiens circulent toujours en liberté.

Le maître des lieux toisa[2] à nouveau Léa.

— C'est tout à fait exact, dit-il, triomphant. Les chiens n'ont réintégré le chenil qu'après l'arrivée des pompiers. Personne n'a donc pu s'introduire chez moi entre-temps.

— Nous permettez-vous, malgré tout, de jeter un œil à l'intérieur de la villa ? demanda Guillaume.

— Mais bien sûr, rétorqua sèchement le diplomate.

— Ça ne m'étonnerait pas que ce soit le chauffeur qui ait mis le feu, chuchota Lucas. Son patron est tellement odieux avec lui !

— Prétentieux comme il est, ce type a forcément un tas d'ennemis, répondit Léa. D'ailleurs, je viens juste de découvrir quelque chose...

---

1. **tout à trac** : soudainement.
2. **toisa** : examina avec mépris.

Qu'a remarqué Léa ?

5. Une simple cachette

Après avoir franchi l'entrée principale, Léa s'immobilisa, sortit un mouchoir propre de la poche de son jean et l'utilisa pour extraire une feuille de papier de la boîte aux lettres transparente.

— C'est une lettre anonyme ! Le texte a été composé à partir de caractères découpés dans des journaux.

Les garçons s'approchèrent.

« Lapierre, t'es qu'une ordure ! déchiffra Lucas à voix haute. Le feu m'a réchauffé le cœur ! À toi aussi ? »

Les trois amis échangèrent un regard perplexe.

— Bingo ! s'écria Quentin. Nous tenons le bon bout, ou je ne m'y connais pas !

Munis de leur pièce à conviction, les Pirates se mirent immédiatement en route vers la villa. À travers une fenêtre éclairée de l'intérieur, ils virent le consul qui montrait à Guillaume le tableau derrière lequel se cachait le coffre-fort.

— Tu parles d'une cachette difficile à trouver ! ironisa Lucas. Mais, en effet, le coffre n'a pas subi d'effraction[1].

Léa plissa le front.

— Pourquoi cette femme qui se tient près du bureau s'énerve-t-elle comme ça ? Et d'ailleurs, qui est-elle : l'épouse du consul ?

— Non, il est veuf depuis longtemps, dit Quentin.

— Hein ? s'étonnèrent les jumeaux de conserve[2]. Et d'où est-ce que tu tiens cette info ?

— Par simple esprit de déduction, riposta leur ami avec un grand sourire.

1. **effraction** : action de casser une serrure ou une porte.
2. **de conserve** : ensemble.

Comment Quentin sait-il que le consul est veuf ?

6. Les riches suscitent la convoitise

Quelques secondes plus tard, les Pirates se tenaient dans le bureau du consul, face au magnifique tableau le représentant, lui et son épouse. Une petite plaque en cuivre au bas du cadre indiquait que Mme Lapierre était décédée en l'an 2000.

Mais, dans l'immédiat, cette information ne semblait pas être d'une importance prioritaire, car Guillaume, après avoir parcouru la lettre de menaces, la brandissait sous le nez de son destinataire.

— Avez-vous reçu d'autres lettres de ce type récemment ?

M. Lapierre prit un air ennuyé.

— Oui, j'en ai reçu plusieurs ces dernières semaines. Mais j'avoue que je n'accorde guère d'importance à ces enfantillages…

— Depuis trente ans que je suis employée dans cette maison, je vous assure que j'ai eu l'occasion de voir toutes sortes de choses, intervint soudain la femme potelée[1] qui se tenait à côté de la table de travail. Vous savez, des personnes aussi fortunées que Monsieur le consul suscitent toujours beaucoup de jalousie. Nous recevons régulièrement des lettres d'individus qui nous réclament de l'argent, des lettres de chantage, des lettres de menaces…

— Des années que ça dure, et il y aurait de quoi remplir des classeurs entiers ! soupira le diplomate.

— Mais, cette fois-ci, la menace semble sérieuse, dit Guillaume.

Il indiqua le jardin où, à travers la fenêtre, l'on voyait toujours clignoter la lumière bleue des pompiers.

— Avez-vous conservé les derniers exemplaires de ces lettres ?

— Non, il ne les a pas gardés, répondit Lucas à la place du consul.

1. potelée : dodue.

Qu'a repéré Lucas ?

7. Un indice tout froissé

Il repêcha, de la corbeille à papiers, un billet tout froissé sur lequel des caractères d'imprimerie avaient été découpés, puis collés, et le tendit à Guillaume.

Le policier le lissa avec soin et lut à voix haute :

« Lapierre, espèce de crapule, j'aurai ta peau ! »

Les ailes du nez de la gouvernante se mirent à frémir ; toutefois, ce n'était pas la menace qui la faisait enrager.

— Émilie a encore oublié de vider la corbeille, pesta-t-elle. Quelle écervelée[1], celle-là : on peut vraiment de moins en moins compter sur elle !

— Qui donc est Émilie ? s'enquit aussitôt Guillaume.

— Notre nouvelle femme de chambre, maugréa[2] la vieille employée de maison. Mais, si elle continue à être aussi négligente, elle ne le sera bientôt...

— Pourrais-je lui parler ? demanda son interlocuteur, coupant court à ce torrent de récriminations[3]. Elle aura peut-être remarqué des détails qui nous seraient utiles.

— Si vous y tenez, rétorqua la gouvernante à contrecœur[4].

Elle guida Guillaume et les jeunes détectives dans la soupente, sous les toits de la villa.

Une fois parvenue en haut de l'escalier, elle ouvrit la porte d'une chambre, sans même prendre la peine de frapper.

— Émilie, voilà de la visite ! annonça-t-elle. La police voudrait savoir si vous avez une quelconque déclaration à faire au sujet de l'incendie.

Effrayée, la soubrette se leva d'un bond du sofa.

— Moi ? Je... je ne suis pas sortie d'ici depuis deux heures, répondit-elle, les yeux écarquillés[5].

Mais Quentin savait qu'elle mentait.

---

1. **écervelée** : étourdie.
2. **maugréa** : grommela.
3. **récriminations** : protestations.
4. **à contrecœur** : avec réticence.
5. **écarquillés** : grands ouverts.

Sur quel indice Quentin s'appuie-t-il pour savoir qu'Émilie ne dit pas la vérité ?

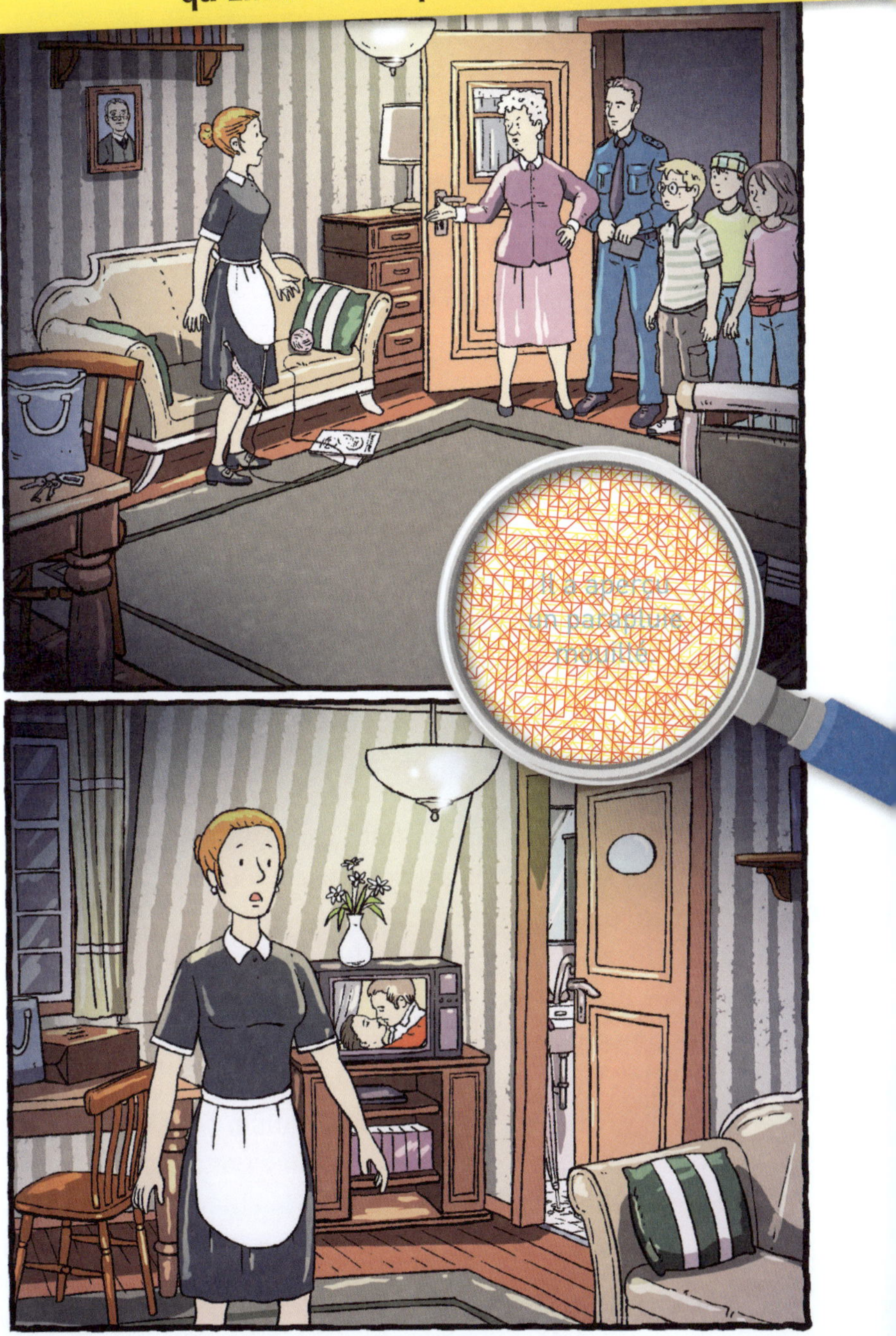

8. L'enquête piétine

À travers la porte entrouverte, Quentin avait aperçu un parapluie mouillé. Il garda toutefois cette observation pour lui.

— N'étiez-vous pas curieuse d'apprendre pourquoi les pompiers étaient sur place ? interrogea Guillaume. Cela aurait pourtant été tout naturel…

— Euh… je…, bafouilla Émilie.

— Encore collée devant la télévision, à regarder un de ces films à l'eau de rose, grogna la gouvernante. Elle adore ça.

Guillaume se tourna alors vers celle-ci en soupirant.

— Ah, chère Madame, je me fais du souci pour le consul. Je l'ai trouvé bien pâle tout à l'heure. Ne pensez-vous pas que vous devriez aller prendre soin de lui ?

— Si vous le dites, marmonna l'intéressée.

Dès qu'elle eut refermé la porte derrière elle, Émilie commença à raconter : aujourd'hui était son jour de congé, et elle l'avait passé dans sa chambre à tricoter ce pull ; elle tenait absolument à l'achever d'ici le lendemain, pour l'anniversaire de son neveu.

— Bien sûr, j'ai jeté un œil par la fenêtre pour regarder le garage en flammes, conclut-elle. Mais cet incendie a été causé par la foudre, et non par un acte criminel, n'est-ce pas ?

En guise de réponse, Guillaume lui posa une autre question :

— Et que pouvez-vous nous dire au sujet des lettres de menaces que votre patron a reçues dernièrement ?

— Rien, hélas ! articula-t-elle en baissant les yeux.

— Bon, fit le policier en lâchant un soupir. Mais, si quelque chose vous revenait en mémoire, n'hésitez pas à me contacter.

Lui et les jeunes détectives quittèrent la chambre.

— On nous observe, dit soudain Léa qui s'était immobilisée dans l'escalier.

Qu'a remarqué Léa ?

9. Impatience

— Émilie nous guette depuis la porte vitrée de sa chambre. Étrange, non ?

Quentin acquiesça.

— Et elle nous a menti.

Dans l'escalier, il rapporta sa découverte du parapluie mouillé.

— La soubrette devait se trouver dehors sous l'orage au moment de l'incendie puisque, avant et après, il n'a pas plu.

— Moi aussi, j'ai remarqué un truc bizarre, enchaîna Lucas. Émilie a un portrait du consul dans sa chambre. Ça ne me semble pas normal.

Il adressa un clin d'œil à Guillaume.

— Tu as un portrait de ton patron dans ta maison, toi ?

— Bien sûr, répliqua le policier en riant. Accroché juste au-dessus de mon lit.

Dans l'entrée, M. Lapierre les attendait de pied ferme[1].

— Alors, où en est votre enquête ? s'enquit-il avec raideur.

Guillaume haussa les épaules.

— Nous attendons le rapport de l'expert. S'il s'agit bel et bien d'un acte criminel, la police judiciaire prendra le relais…

Mais les Pirates n'avaient nullement l'intention de patienter aussi longtemps avant de revenir fouiller la chambre d'Émilie. Dès le lendemain après-midi, ils traînèrent devant la villa jusqu'à ce que la jeune fille eût quitté la maison, un panier à provisions sous le bras. Ils sonnèrent alors au grand portail. Personne ne leur répondit. Tout en faisant les cent pas devant la grille, Lucas lorgnait d'un air inquiet à travers les barreaux.

— Je ne vois pas les chiens, dit-il. Tant mieux ! Ils ne me voient pas non plus.

---

1. **de pied ferme** : énergiquement.

Où sont les chiens ?

10. L'arme secrète

— Ils sont dans une baignoire, en train de se faire savonner par Méphisto, déclara Lucas en pointant du doigt la grande propriété.

— Ils n'ont pas tellement l'air d'apprécier, constata Léa avec empathie[1]. Mais je suppose que l'élégant consul n'aime les chiens que s'ils sont parfumés…

La voix peu aimable de la gouvernante retentit à travers l'interphone :

— Qui est là ?

— Ce dragon est décidément bien assorti à son patron, chuchota Quentin.

Mais, contre l'hostilité, les Pirates détenaient une arme imparable : l'amabilité.

— Bonjour, prononça poliment Léa. Nous sommes les enfants qui vous ont rendu visite, hier, avec la police. En fait, j'ai bêtement oublié mon carnet de notes dans la chambre d'Émilie.

— Émilie n'est pas là. Revenez plus tard.

— Oh, mais c'est malheureusement impossible, insista Léa. Plus tard, nous sommes censés aider nos parents.

— Ah bon, ça existe encore, des enfants qui aident leurs parents ? grommela la gouvernante, étonnée.

Le buzz retentit, et la grille s'ouvrit comme par enchantement. Nos jeunes détectives remontèrent l'allée jusqu'à la villa.

— Quelque chose a brûlé ici, nota Quentin.

— Quelle perspicacité ! ricana Lucas. Oui. Le garage. Hier.

— Non, je ne parle pas du garage, riposta le garçon.

---

1. **avec empathie** : en se mettant à leur place et en les comprenant.

Qu'est-ce qui a brûlé ?

11. Des bâtons dans les roues

Quentin pointa du doigt la jardinière de fleurs dans laquelle moisissait une photo partiellement calcinée.

— Je donnerais cher pour savoir ce que cette photo représentait de si compromettant[1] pour qu'elle doive être détruite, murmura-t-il.

— Bon, vous arrivez, oui ou non ? s'impatienta la gouvernante sur le pas de la porte. Je n'ai pas que ça à faire, de vous attendre, moi !

Les Pirates pressèrent le pas.

— Nous ne voulons pas vous déranger, dit Léa lorsqu'ils se tinrent tous les trois devant elle. D'ailleurs, vous n'avez pas besoin de nous accompagner à l'étage. Nous connaissons le chemin !

— Non, pas question de vous laisser fouiner seuls dans la demeure. Attendez-moi ici ; je vais chercher la clé de la chambre d'Émilie.

Là-dessus, elle pivota et disparut dans une pièce annexe.

— Mince ! le dragon nous met des bâtons dans les roues[2], souffla Quentin aux jumeaux.

Il se mordit les lèvres.

— Qu'est-ce qu'on fait ?

— T'inquiète : j'ai un plan génial, répondit Léa d'un ton mystérieux juste avant le retour de la vieille employée de maison.

Ils la suivirent en file indienne jusqu'au dernier étage, et, tandis que la gardienne des lieux leur ouvrait laborieusement[3] la porte de chez Émilie, Léa commença sa manœuvre de diversion[4].

---

1. **compromettant** : pouvant faire du tort.
2. **nous met des bâtons dans les roues** : s'oppose à nos projets.
3. **laborieusement** : avec beaucoup d'efforts.
4. **manœuvre de diversion** : manœuvre pour détourner l'attention.

En quoi consiste la manœuvre de Léa ?

12. Manœuvre de diversion

Léa fit glisser discrètement la fermeture Éclair de la poche de Schumacher. Aussitôt, la souris s'en échappa pour se faufiler entre les jambes de la gouvernante et zigzaguer sur le sol de la chambre.

— Au secours ! Un rat ! hurla cette dernière. Quelle horreur ! Je ne savais pas que nous avions ce genre de bestioles dans la soupente ! Je vais immédiatement acheter du poison, affirma-t-elle en refermant la porte derrière elle.

— Oh, excusez-moi, mais, s'il vous plaît, ne faites pas ça ! dit Léa en prenant un air contrit[1]. Ce n'est pas un rat, mais... euh... ma souris.

Elle désigna sa poche vide.

— Elle vient juste de m'échapper par mégarde...

— Comment ça ? s'écria la gouvernante éberluée[2].

Les ailes de son nez se mirent à nouveau à frémir.

— Attrapez-moi cette saleté de souris, et que ça saute !

Rouvrant brusquement la porte de la chambre, elle poussa les Pirates à l'intérieur et les y enferma.

Nos trois détectives émirent un soupir de soulagement.

— Et ne vous avisez pas de ressortir sans cette vermine ! leur cria-t-elle du couloir.

— Oh, sûrement pas, répondit Léa, tout sourire.

Puis, se tournant vers les garçons d'un air triomphant :

— Alors, j'ai pas assuré ?

— T'es géniale, sœurette ! la félicita Lucas. Presque aussi géniale que moi : figurez-vous que quelque chose d'important a changé depuis hier ; ça vient de me sauter aux yeux.

---

1. **contrit** : penaud.
2. **éberluée** : très étonnée.

Qu'est-ce qui a sauté aux yeux de Lucas ?

13. Une théorie

Lucas s'approcha du clou planté dans le mur, auquel, la veille encore, était accroché un portrait.

— Le consul a disparu ! expliqua-t-il.

Quentin réajusta ses lunettes d'un air pensif.

— Récapitulons : une photo a été brûlée dans le jardin et, ici, il en manque une. Cela ne peut être un hasard. Hmm... Ce que nous ignorons encore, c'est le mobile d'un tel geste.

— Mais si, voyons.

Avant de poursuivre, Léa s'agenouilla et tenta de neutraliser Schumacher dans un repli du tapis.

— Je l'ai vu se faufiler là-dedans..., marmonna-t-elle, le nez au sol.

— D'accord, reprit Lucas sèchement, mais dis-nous plutôt pourquoi, selon toi, la photo a été détruite.

— Ah oui, c'est vrai..., se souvint-elle en levant les yeux. Vous autres garçons, ça va sans doute vous paraître ahurissant, mais je crois qu'Émilie est amoureuse du consul. Nous savons qu'elle aime les films d'amour ; or, je suis convaincue que son patron ne fait absolument pas attention à elle. Du coup, elle lui adresse des lettres anonymes et met le feu...

On tambourinait contre la porte.

— Bon, alors, vous l'avez enfin attrapée, cette sale bête ? s'impatienta la gouvernante.

— Pas encore, répondit Lucas. Entre nous, vous feriez mieux de rester dans le couloir. La souris de Léa adore grimper le long des jambes des humains. De plus, elle a tendance à mordre.

— Nous devons absolument vérifier ton hypothèse, Léa, déclara Quentin en parcourant la chambre du regard. Ah, mais bien sûr ! Je sais comment en avoir le cœur net[1] !

---

1. **en avoir le cœur net** : vérifier si une chose est vraie ou non.

Il a aperçu
le journal intime
d'Émilie.

14. Un aveu inespéré

Quentin délogea, de sous un coussin du canapé, le journal intime d'Émilie.

— N'est-ce pas à ce genre de cahier que les jeunes filles amoureuses confient tous leurs secrets ? dit-il avec un sourire.

Lucas s'empara du document et se mit à le feuilleter.

— Je crois que nous tenons là quelque chose de très intéressant, murmura-t-il bientôt.

Puis il montra à Léa et à Quentin le dernier passage qu'avait écrit la soubrette.

— Bon, je vous le lis : « *Je viens de recevoir la visite de la police. Heureusement, nul ne semble soupçonner que j'ai mis le feu au garage. Il ne viendrait à l'idée de personne qu'une petite souris aussi discrète et effacée que moi puisse faire une chose pareille. Mais c'est, hélas ! aussi pour cette raison que jamais M. Lapierre ne remarquera à quel point je l'aime…* »

Nos trois détectives échangèrent des regards triomphants.

— Ben, si ça, c'est pas un aveu, je rends mon tablier ! s'exclama Quentin.

— T'as raison ! Nous devons immédiatement en informer Guillaume, décida Léa. Et, à propos de petite souris, commençons par attraper Schumi. Aidez-moi à soulever le tapis.

Au même moment, ils virent Schumacher trottiner sous le lit, puis s'élancer à travers la pièce.

— Dis donc, toi ! Tu peux nous expliquer comment tu es arrivé sous ce lit ? Reviens ici tout de suite : ta mission est terminée ! s'énerva Léa qui s'efforçait de le récupérer, à quatre pattes sur la moquette. Ah, te voilà enfin ! Et, en plus, tu nous apportes encore d'autres pièces à conviction[1]. Très bien ! s'exclama-t-elle en riant. Pas de doute : tu es bien une souris détective. Ah mais non, Schumi, arrête ! Ne mange pas les lettres !

---

1. **pièces à conviction** : preuves.

Qu'a trouvé la souris ?

L'enlèvement du python royal

1. Au parc d'attractions

Les Pirates étaient installés sur un banc du parc d'attractions et dégustaient des gaufres.

— On a bien fait de laisser Schumi à la maison, dit Léa en essuyant du sucre glace sur le bout de son nez. Il aurait détesté le grand huit. Et, de toute façon, il faisait la tête, vexé qu'on l'ait empêché de manger les caractères d'imprimerie qu'il avait trouvés sous l'armoire et qu'Émilie avait découpés dans les journaux. Mais, bon, il fallait bien qu'on les préserve : sans ces caractères, nous n'aurions pas pu prouver qu'elle était l'auteur des lettres anonymes.

— C'est sûr : Schumacher a encore beaucoup à apprendre avant de devenir une vraie souris détective, constata Lucas, amusé.

— N'empêche, je n'en reviens pas que le consul nous ait offert trois tickets d'entrée au parc d'attractions en guise de récompense ! Jamais je n'aurais imaginé ça de la part de ce vieux bougon, déclara Quentin en engloutissant la dernière bouchée de sa gaufre. Bon, on y retourne ?

Lucas se remit également debout.

— D'ac'. Mais pas question de refaire un tour de grand huit. J'en ai encore l'estomac tout retourné.

— Moi, j'aimerais bien voir un numéro d'animaux dressés ou de magie.

— Vérifions s'il y en a au programme, dit Quentin en extirpant le dépliant de son sac à dos, puis en l'étudiant. Ah oui, c'est prévu. Et il y en a même un qui combine les deux ! En se dépêchant un peu, on pourra y assister sans rater le début.

À quel numéro Quentin veut-il assister ?

2. Des animaux disparaissent

Lucas se pencha par-dessus l'épaule de Quentin.

— Tu veux parler du grand show de magie d'Ali Sameri et ses animaux ? Le dépliant précise qu'il parvient même à faire disparaître un puma de taille adulte ! Pff... fastoche ! Il suffit d'ouvrir la porte de la cage et, hop ! le gentil fauve prend la poudre d'escampette[1]...

— Tu plaisantes, se moqua Léa. Tu n'oserais même pas t'approcher de sa cage. Bon, allons-y.

Les trois amis rejoignirent le chapiteau du magicien pile au moment où celui-ci commençait son numéro. Sur la scène, le puma noir faisait les cent pas derrière des barreaux dorés ; il observait le public de son regard de braise en feulant.

— D'accord, j'avoue que le gentil petit matou ressemble plutôt à un méchant grand fauve ; je crois que je vais m'en tenir à distance. Même chose pour le gros caïman, là-bas. Vous avez vu ? C'est dingue : ils le laissent carrément circuler en liberté !

— Moi aussi, je préfère nettement ce petit lapin blanc recroquevillé dans le haut-de-forme[2], dit Quentin en riant.

Avec force roulements de tambour, le magicien Sameri recouvrit ledit haut-de-forme d'un foulard blanc ; avec un sourire radieux, son assistante désigna aussitôt au public le chapeau vide.

— Je connais son truc, chuchota Léa. En réalité, il...

Elle n'avait pas fini sa phrase qu'un homme surgi du public s'empara d'un objet posé devant la scène, puis s'élança hors du chapiteau.

---

1. **prend la poudre d'escampette** : s'enfuit.
2. **haut-de-forme** : haut chapeau cylindrique.

Quel est ce mystérieux objet qui a été subtilisé ?

3. Un magicien désespéré

Les spectateurs lancèrent des exclamations indignées.

— Je ne le crois pas ! Ce type vient de voler le serpent et son panier ! s'écria Quentin.

Horrifiée, Léa bondit de son siège.

— Poursuivons-le ! Et hop : voilà le Club des pirates sur un nouveau coup !

— Mais ça fait peut-être partie du spectacle, objecta Lucas. Je veux dire : ça pourrait être une sorte de variation autour du thème de la disparition...

— N'importe quoi ! répondit Léa en pointant son index sur sa tempe. Si c'était le cas, Ali Sameri ne pousserait pas tous ces cris.

— Au secours ! Mon python royal ! se lamentait le magicien en arpentant la scène d'un air désespéré – et plus du tout mystérieux.

— À l'aide ! hurlait son assistante qui moulinait des bras, complètement hystérique[1].

— Venez, les garçons ; nous perdons un temps précieux ! les pressa Léa. Bougeons de là !

Suivie de Quentin et de Lucas, elle se précipita devant l'entrée du chapiteau. Les allées grouillaient de monde. Mais, en moins de quelques secondes, la jeune fille devina la direction qu'avait empruntée le fugitif.

---

1. **hystérique** : excitée.

Comment Léa a-t-elle deviné par où le voleur s'est enfui ?

4. Une écharpe vraiment bizarre

— Là, regardez ! s'écria-t-elle Le panier est en train de voguer sur le fleuve ! Le type l'a balancé par-dessus le parapet !

Alors que nos trois détectives s'apprêtaient à traverser le pont en courant, quelque chose d'étrange survint sur la rive d'en face : le voleur se planta devant un buisson, le reptile négligemment enroulé autour du cou comme s'il s'agissait d'une écharpe, et souriait aux Pirates en leur faisant de grands signes.

— Il est dingue ou quoi ? dit Lucas, interloqué. Peut-être qu'il s'est fait mordre par le python et que le poison lui est monté au cerveau...

— Mais non : le python n'est pas venimeux – tout le monde sait ça, enfin ! répliqua Léa. Il appartient à la famille des serpents constricteurs[1].

— Charmant, commenta sèchement son frère.

Il fit mine de s'étrangler et laissa échapper un râle théâtral.

— Mais, au moins, la bestiole a l'air rassasiée...

L'homme les dévisageait toujours tranquillement depuis l'autre rive.

Léa fit alors un pas en avant et, aussitôt, le voleur se remit en mouvement. Aussi agile qu'un chat, il plongea dans la foule.

— Poursuivons-le ! ordonna-t-elle.

Cependant, dans la cohue, nos jeunes détectives ne tardèrent pas à perdre sa trace. Une fois parvenus à un carrefour, ils s'immobilisèrent et scrutèrent les environs.

— Bingo ! lança soudain Quentin.

1. **constricteurs** : qui étouffent leur proie entre leurs anneaux.

Où se cache le voleur ?

5. Trop loin

— Ça alors, c'est trop fort ! Il est en train de faire un tour en bateau avec le python…

Quentin pointa du doigt le grand lac depuis lequel le fuyard leur adressait à nouveau des signes amicaux.

— Il se moque de nous ou quoi ? s'indigna Léa. Bon, on va lui montrer de quel bois les Pirates se chauffent !

— Parfaitement. Montons dans un bateau, nous aussi, et rattrapons-le, suggéra Quentin.

— En pagayant ? Ben, bon courage…, dit Lucas. Ces bateaux avancent sur des rails fixés sous l'eau et traversent toute la surface du lac. Impossible de rattraper celui situé devant soi.

— Ah…, fit Quentin, dépité, après avoir lu, à son tour, le panneau de la compagnie de navigation. Mais c'est justement là notre avantage ! s'exclama-t-il après quelques secondes de réflexion. Notre voleur ne peut pas décider de l'endroit où il va accoster…

Le visage de Léa s'éclaira.

— Mais oui ! Nous n'avons plus qu'à courir jusqu'au lieu de débarquement pour essayer de le coincer. Ça ne va pas être facile, mais on a nos chances.

Les Pirates eurent beau courir comme des dératés[1], la distance qui les séparait de l'autre rive était trop importante pour qu'ils parviennent à devancer le fugitif. Ce dernier eut même le temps d'aller s'acheter un cornet de pop-corn, puis de le leur montrer, hilare[2], avant de disparaître à nouveau dans la foule. Sauf que, cette fois, on pouvait le suivre à la trace…

---

1. courir comme des dératés : courir très vite.

2. hilare : très content ; en train de rire.

Quelle trace le voleur laisse-t-il derrière lui ?

6. Miroirs déformants

— À votre avis, le cornet est-il percé, ou est-ce que notre homme a sciemment[1] décidé de jouer au Petit Poucet ? demanda Quentin en remontant le sentier de pop-corn avec les jumeaux.

— Aucune idée, dit Léa en haussant les épaules. Je commence à croire que ce type est capable de n'importe quoi. En tout cas, là, c'est clair : il nous nargue !

Lucas désigna le stand des miroirs déformants vers lequel ils s'acheminaient.

— Mais, pour l'instant, c'est visiblement de lui-même qu'il a l'intention de se moquer.

Les Pirates passèrent, eux aussi, devant les grands miroirs disposés un peu partout sous des angles différents.

— Trop cool ! s'exclama Lucas en voyant son reflet déformé. Regardez : je ressemble à une grosse baleine…

— Oui, ça te donne une idée de l'allure que tu auras bientôt si tu continues à te resservir trois fois à chaque repas, le taquina Léa tout en s'admirant, aussi mince qu'une aiguille à tricoter, dans le miroir d'à côté.

Quentin, quant à lui, se tenait devant une troisième glace.

— Hé, regardez de quoi j'ai l'air !

Curieux, les jumeaux s'approchèrent, et tous les trois éclatèrent de rire. Ils étaient tellement hilares qu'ils durent se cramponner les uns aux autres.

— Bon, assez rigolé maintenant, finit par déclarer Léa en essuyant une larme. C'est pas le tout, mais il faut qu'on attrape notre voleur. Et d'ailleurs, le voilà !

---

1. sciemment : en sachant ce qu'il fait.

Où Léa a-t-elle aperçu le voleur ?

7. Gendarmes et voleur

— Où ça ? demanda Lucas, stupéfait. Ah oui, ça y est : moi aussi je le vois, là dans le miroir !

L'individu fit une grimace qui, déformée par la glace, leur sembla encore plus inquiétante.

Nos trois détectives pivotèrent aussitôt, mais le plaisantin s'était déjà volatilisé.

— Dépêchez-vous, les garçons, ordonna Léa. Notre homme vient de quitter le palais des Glaces.

Mais Lucas ne bougea pas d'un iota[1].

— Et alors ? Pas de panique, sœurette. De toute façon, il nous attend à nouveau quelque part. Tout ce qui l'intéresse, c'est de jouer aux gendarmes et au voleur.

— Aux gendarmes et au voleur..., répéta Quentin d'un air songeur.

Puis, levant soudain un sourcil :

— Ça me rappelle un truc. L'autre jour, à la télé, ils ont évoqué un type qui a déjà fait ce même cirque dans d'autres parcs d'attractions. À chaque fois, il commence par dérober quelque chose. Puis il joue un moment à cache-cache avec ses poursuivants avant de disparaître pour de bon, continua-t-il en réajustant ses lunettes sur son nez. Si vous voulez mon avis, il s'agit de notre lascar.

— Ça semble logique, en effet, approuva Lucas. Et, à l'heure qu'il est, lui et le python ont largement eu le temps de prendre le large.

Les trois amis se précipitèrent hors du palais des Glaces et jetèrent un coup d'œil à droite et à gauche.

— Mais ce n'est manifestement pas son intention, constata Quentin.

---

1. ne bougea pas d'un iota : resta au même endroit.

Où le voleur s'est-il posté, cette fois, pour guetter les jeunes détectives ?

8. Un éclair dans l'obscurité

Cette fois, le voleur guettait les enfants qui le poursuivaient à l'entrée du train fantôme. Après s'être assuré qu'ils étaient bien à ses trousses, il acheta un billet et s'installa avec le python dans un wagon.

— Et maintenant, on fait quoi ? demanda Quentin, indécis. Au fond, il suffirait d'attendre qu'il sorte de là, non ?

— À moins que…, commença Lucas.

— … à moins qu'il y ait une porte de service à l'arrière du baraquement, termina Léa.

Nos jeunes détectives sautèrent, à leur tour, dans un wagon qui bientôt les emmena à l'intérieur du train fantôme. Il y faisait noir comme dans un four. Des bruits de chaînes et des gémissements rauques emplissaient tout l'espace. Soudain, un éclair déchira les ténèbres. Juste à côté du wagon des Pirates surgit alors un spectre qui portait sa propre tête sous le bras !

— Aaahhhh ! gémit la tête ensanglantée à la bouche grande ouverte.

— Merci bien ; je suis mort de peur, répliqua Lucas en bâillant. C'est tout ce que vous avez à proposer ?

À présent, plusieurs éclairs illuminaient tout le train fantôme. Les trois amis frôlèrent des squelettes branlants, des loups-garous aux canines acérées et des sorcières enflammées. Des rires retentissaient régulièrement des wagons qui se trouvaient devant et derrière celui des Pirates.

— Les autres passagers semblent beaucoup s'amuser, eux aussi, déclara Lucas.

Une nouvelle salve d'éclairs traversa l'obscurité, accompagnée, cette fois, d'un long cri. Mais d'où provenait-il exactement ?

Que s'est-il passé dans le train fantôme ?

9. Une sacrée frayeur !

— Vous avez vu ? s'écria Léa, surexcitée. Là, devant nous, pile au prochain virage, notre homme a brandi le serpent sous le visage d'une femme !

Le wagon des Pirates cahotait dans le noir, s'approchant inexorablement du fameux tournant.

— Sautons de la voiture !

— Ah oui ? Et comment comptes-tu t'y prendre ? On n'y voit pas à un mètre ! riposta Lucas.

À la faveur d'un nouvel éclair, ils aperçurent alors le voleur qui se tenait à leurs côtés. Avec un rire sardonique, il eut tout juste le temps d'enrouler le reptile autour du cou de Lucas avant que l'obscurité ne s'abatte à nouveau sur eux.

— À l'aide ! hurla le garçon. Il veut me tuer !

Dans sa frayeur, il ne remarqua même pas que le python constricteur s'était déjà échappé de ses épaules.

— Est-ce que je suis mort ? braillait-il toujours, tandis que le wagon se dirigeait vers la sortie.

Une porte à double battant s'ouvrit et, tout à coup, nos jeunes détectives furent éblouis par la lumière du jour. Le tour de manège était terminé.

— Trop super, grogna Quentin en s'extirpant de la voiture. Nous voilà dehors tandis que le type, lui, est toujours à l'intérieur…

— Alors là, qu'est-ce qu'on s'en fiche ! soupira Lucas.

Les genoux tout flageolants[1], il s'assit sur l'escalier du train fantôme et ferma les yeux pour se remettre de ses émotions.

— Moi, je suis simplement content d'être encore en vie !

Lorsque, au bout d'un moment, il rouvrit les yeux, quelque chose lui fit froncer les sourcils.

---

1. **flageolants** : tremblants d'émotion.

Qu'a vu Lucas ?

10. Un signe venu du ciel

Sans un mot, Lucas désigna un ballon gonflable à la forme de serpent qui flottait au loin dans le ciel.

Avec ses yeux de lynx, Léa parvint à déchiffrer l'inscription qu'il portait et la lut à voix haute : « *Coucou, je suis ici !* »

Elle lança un bref coup d'œil aux garçons.

— On y va ?

— Ras le bol, à la fin ! râla Lucas. Ce type commence à m'énerver sérieusement.

— Moi pareil, j'avoue que ce jeu du chat et de la souris ne m'amuse plus tellement, renchérit Quentin. D'ailleurs, à la télé, ils ont précisé qu'en général le suspect était amené à restituer son butin au parc d'attractions. Il y a donc de fortes chances que le magicien récupère son python.

— Peut-être, mais les Pirates ne baissent jamais les bras, objecta Léa.

Ella attrapa son téléphone portable.

— Je vais appeler Guillaume et lui donner le signalement du malfaiteur. Comme ça, il n'aura plus qu'à le pincer à l'arrivée du train fantôme. De toute façon, il va bien finir par en sortir à un moment ou à un autre.

Pendant qu'elle téléphonait, les garçons ne lâchaient pas le ballon gonflable des yeux.

— Il n'a pas bougé d'un millimètre, dit Quentin après que Léa eut raccroché.

Les trois amis se remirent en route et se rapprochèrent du ballon qui flottait juste au-dessus d'une aire de jeux.

— Pas étonnant qu'il reste toujours au même endroit, dit Lucas en souriant à nouveau. Regardez ce que notre voleur s'est amusé à faire !

— Bien vu ! s'écria Quentin. C'est bon : je sais où se trouve le serpent !

Où se cache le python royal ?

11. Danger sous la couverture

Léa avait également aperçu la queue du python : elle dépassait d'un landau abandonné auquel était aussi attaché le ballon. Mais leur fugitif, lui, avait disparu.

Les Pirates rejoignirent le landau à l'instant précis où une maman revenait avec son bébé dans les bras.

— Attention : ne couchez surtout pas votre enfant là-dedans ! avertit Léa.

Puis elle souleva délicatement la couverture.

— Oh ! s'écria la jeune femme horrifiée à la vue du serpent.

Elle recula aussitôt d'un pas.

— Mais... je ne me suis absentée que quelques minutes au bac à sable, bredouilla-t-elle. Comment cette bête a-t-elle pu se glisser dans notre landau ?

— C'est une longue histoire, répliqua Quentin. Ramenons ce python chez lui, c'est-à-dire au parc d'attractions, et je vous expliquerai tout ça en chemin, en poussant le landau.

Puis, s'adressant à Lucas avec un sourire :

— À moins que tu ne veuilles t'en charger ?

Celui-ci secoua énergiquement la tête.

— Moi ? Tu rigoles ou quoi ! De près, ce monstre est encore plus effrayant que je me l'étais imaginé. Un miracle que je sois encore vivant !

— Bon, ressaisis-toi et aide-moi plutôt à retrouver notre gugusse, trancha Léa en jetant autour d'elle des regards inquiets. À moins qu'il ait déjà définitivement disparu ; auquel cas, l'arrivée de Guillaume ne servirait plus à rien.

— Te bile pas, Léa. Notre voleur est toujours là, la rassura Quentin à voix basse.

Où se cache le voleur ?

12. Fausse barbe

— Il nous observe depuis le sommet du toboggan géant, expliqua le garçon. Mais on ne peut le reconnaître qu'à ses cheveux et à sa boucle d'oreille, grâce à ses vêtements aussi. La barbe a disparu.

Cette fois, le voleur ne leur adressait aucun signe.

— Avant de prendre la fuite, il a sans doute voulu s'assurer que nous avions bien trouvé le python, supposa Léa.

Accompagnée de Lucas, elle traversa l'aire de jeux au pas de charge ; lorsque l'homme se mit, lui aussi, à courir, tous les deux le poursuivirent en direction du grand bateau de pirates. Lorsqu'il l'eut atteint, les enfants d'une classe de maternelle commencèrent à l'arroser copieusement avec des pistolets à eau.

— Ces petits gamins sont en train de mouiller ses vêtements ! s'écria Lucas avec une joie maligne et évitant lui-même avec adresse la zone de tirs.

Nos jeunes détectives étaient à présent parvenus à l'autre bout de la place, mais, au même moment, un petit train bondé de passagers qui agitaient les bras leur boucha la vue.

— Mince alors ! s'énerva Léa en se tordant le cou dans l'espoir de le repérer malgré tout. Cette fois, c'est sûr : il nous a semés !

Lorsque le train se fut enfin éloigné, les jumeaux scrutèrent les alentours, à court d'idées.

— Je ne le vois plus, constata Lucas, dépité.

— Moi, si ! s'esclaffa Léa. Du moins, je discerne un petit bout de sa personne. Et je sais aussi comment nous allons le coincer !

Où Léa a-t-elle aperçu le malfaiteur ?

La chronique falsifiée

1. Encore une nouvelle affaire

Confortablement installé à bord de *La Perle des mers* avec les Pirates, Léon Martin écoutait d'un air réjoui la lecture que Lucas faisait à voix haute d'un article de *La Gazette de la mer* :

« Un incident s'est produit hier après-midi au parc d'attractions. En effet, la grande roue a marqué un temps d'arrêt de quelques minutes, alors que toutes ses cabines étaient occupées. Les membres du Club des pirates, détectives bien connus à Saint-Pierre-sur-Mer, ont prié le directeur du parc d'immobiliser le manège au motif qu'un malfaiteur recherché par la police se cachait dans l'une des cabines… »

— Vous êtes des loustics bigrement futés ! s'exclama le capitaine, hilare. Quand je pense que vous avez laissé ce bon à rien gigoter dans les airs !

— Et avec son pantalon trempé ! renchérit Léa. C'est d'ailleurs à ce détail que je l'ai reconnu.

— Quand Guillaume est arrivé, il n'a plus eu qu'à le cueillir, ajouta Quentin.

Le vieux loup de mer lui décocha un large sourire.

— Vous alors, dès que vous vous pointez quelque part, vous ne pouvez pas vous empêcher de soulever de nouveaux lièvres ! Je me demande bien ce que vous allez encore nous dégoter cet après-midi au zoo…

— En fait, on avait l'intention d'y aller pour que Lucas en apprenne un peu plus sur les animaux, soupira Léa.

Une heure plus tard, tandis que Quentin achetait trois billets d'entrée au zoo Émile-Lelardoux, les jumeaux contemplaient avec curiosité un livre ancien exposé dans une vitrine.

— Y a un truc qui cloche, murmura soudain le garçon.

Qu'a relevé Lucas ?

2. De fausses dates

Lucas leur indiqua une grande photo accrochée au mur, juste au-dessus de la vitrine.

— D'après la légende qui accompagne cette photo, Émile Lelardoux serait parti en voyage en Afrique en 1883, alors que, dans le livre de la vitrine, il est mentionné que cette expédition a eu lieu en 1983.

— Bonjour, les enfants. Ça vous intéresse, ces vieux textes ?

Surpris, les jumeaux se retournèrent et reconnurent le père de leur camarade d'école Suzanne. Il travaillait au zoo en tant que vétérinaire. Quelques mois auparavant, il avait eu l'occasion de venir leur parler de son métier en classe.

— Euh… oui, bafouilla Lucas. Est-ce qu'il s'agit là de… de l'ouvrage original ?

— Bien sûr, répondit le docteur Bérard.

Il salua également Quentin qui s'approchait de la vitrine, les billets d'entrée à la main.

— Ce document nous a été prêté par les descendants de M. Lelardoux. Le professeur Mézière s'est démené pour obtenir l'autorisation de l'exposer durant un mois en hommage à Émile Lelardoux, fondateur de ce zoo.

— Oui, c'est ce que j'ai lu dans *La Gazette de la mer*, acquiesça Léa.

Elle parcourut les autres reproductions de pages du livre, également accrochées au mur.

— Et les photos ont été prêtées, elles aussi ?

— Non, dit le docteur Bérard. C'est Mme le professeur Mézière qui les a prises elle-même une fois qu'elle a reçu la chronique. À l'avenir, elles resteront exposées sur ces murs.

— Qui est ce professeur ? demandèrent les jumeaux d'une seule voix.

Mais Quentin avait déjà la réponse.

Qui est le professeur Mézière ?

3. Une déduction ingénieuse

— La plaque à côté de la caisse indique qu'elle est la directrice du zoo, déclara le garçon. Pourquoi est-ce que ça vous intéresse ? Ne me dites pas que vous flairez une nouvelle affaire ?

— Si, dit Lucas qui lui fit remarquer que les deux années mentionnées en bas du portrait et dans la vitrine n'étaient pas les mêmes.

— Oh, mon Dieu ! s'exclama le vétérinaire, effrayé. Les descendants d'Émile Lelardoux nous auraient donc fourni de faux documents ?

Quentin hocha la tête d'un air songeur.

— Impossible. Vous nous avez bien précisé que les photos avaient été prises ici ; or, l'année qui figure sur le portrait au-dessus de la vitrine est correcte, récapitula-t-il en réajustant ses lunettes sur son nez. La date a donc dû être falsifiée[1] après coup.

Le docteur Bérard lui lança un regard admiratif.

— Eh bien, je comprends mieux pourquoi ma fille en pince tellement pour le Club des pirates ! Mais qu'allons-nous faire, à présent ? soupira-t-il. Dans trois jours, nous devons rendre ces documents, et je préfère ne pas penser au scandale que ces dates tronquées vont susciter !

— Parlons-en à Mme Mézière, suggéra Léa. Elle pourra nous dire qui, hormis elle, a eu accès à cette chronique. Est-elle dans son bureau ?

— Non, elle est en train de soigner les bêtes, répondit M. Bérard. Vous la trouverez facilement : elle porte un béret basque. Mais attendez une minute ! Mme Mézière a encore oublié ses lunettes dans mon bureau, et je voulais justement les lui rendre.

Accompagnés du vétérinaire, nos jeunes détectives se rendirent au zoo et aperçurent bientôt la directrice qui s'affairait dans l'un des enclos.

---

1. **falsifiée** : modifiée exprès dans l'intention de tromper.

Où se trouve la directrice ?

4. La clé perdue

— Trop mignon ! s'écria Léa. Elle fait des câlins aux singes !

Le docteur Bérard esquissa un sourire.

— Ce sont des gibbons. Tous les animaux adorent Mme Mézière, qui le leur rend bien. Elle les aime tellement qu'elle loge sur le site du zoo, afin de les avoir toujours à l'œil.

D'un signe de la main, il pria la directrice de sortir de l'enclos.

— Alors, Bérard, quoi de neuf ? s'enquit la vieille dame toute frêle[1] lorsqu'elle eut rejoint le vétérinaire. Pensez-vous que nos ours ont attrapé un rhume ? ou que les pingouins sont épuisés ? Ah, c'est gentil : vous m'avez rapporté mes lunettes…

Elle était si petite que, même pour s'adresser à Léa, elle devait lever les yeux.

— Ah, ma pauvre Suzanne, non seulement j'oublie tout, mais, en plus, je n'y vois plus clair…

— Ce n'est pas Suzanne, rectifia avec un sourire le docteur.

Puis il l'informa de l'affaire de la chronique.

— Ces trois jeunes gens sont détectives, et ils ont découvert qu'un des documents exposés avait été falsifié.

— Allons bon !

Le professeur chaussa ses lunettes et examina les Pirates en question d'un peu plus près.

— Et alors… ? Si je comprends bien, c'est moi la suspecte ?

— Mais non ! rétorqua Léa qui la trouvait fort sympathique. Mais peut-être ce livre est-il resté quelque temps sans surveillance, après que vous en avez photographié les pages ?…

L'intéressée se mit à rire.

— Certainement pas. Ces documents sont bien trop précieux, et j'ai toujours pris soin de les mettre sous clé ; clé que je porte d'ailleurs sur moi en permanence pour m'assurer que personne ne mette la main sur cette chronique.

Elle fouilla dans la poche de sa blouse.

— Ça alors ! Qu'est-ce que j'ai bien pu en faire ?

— Pas de panique : je la vois d'ici, la rassura Lucas.

1. frêle : qui manque de force.

Où se trouve le trousseau de clés ?

5. Une affaire de chef

— J'aperçois un trousseau de clés dans l'enclos des gibbons ! signala le garçon.

— Oh, il a dû glisser de ma poche tout à l'heure. Bon, je retourne m'occuper de mes singes.

La directrice du zoo pivota, prête à partir.

— Si je prive les autres gibbons de câlins, ils vont encore me faire la tête pendant trois jours !

— Voulez-vous que j'appelle la police ? proposa le docteur.

Mme Mézière réfléchit un instant.

— Non ; je le ferai moi-même après le travail.

Au même instant, Schumacher couina dans la poche de Léa.

— Qui donc as-tu là avec toi ? s'enquit aussitôt le professeur.

Léa lui présenta sa souris.

— C'est un petit guerrier, constata Mme Mézière.

— Comment ça ? s'étonna Lucas. Schumi est un détective, comme nous !

— Oui, mais c'est avant tout une gerbille mongole, frérot, reprit Léa en roulant des yeux. De la famille des *mériones*, nom grec qui signifie « guerriers ».

— Je vois que tu es bien informée ! la félicita la vieille dame. Ce qui m'étonne, c'est que ta petite bête supporte d'être seule. Les souris ont habituellement besoin de compagnie.

— Schumi a eu une fiancée, expliqua Léa, mais elle est morte. Et depuis, il s'obstine à mordre toutes les femelles que je lui présente.

Le rongeur se lova dans la main de sa maîtresse.

— Mais, toi, il t'aime : c'est évident, affirma la directrice.

Elle jeta un œil aux gibbons qui semblaient l'attendre.

— J'arrive, j'arrive ! Qu'est-ce que je voulais, déjà ? Ah oui, récupérer la clé. Bon sang ! où est-elle encore passée ?

Où le trousseau est-il à présent ?

6. Des sauts audacieux

Les Pirates éclatèrent de rire en constatant qu'un petit gibbon avait subtilisé le trousseau et le trimbalait, à présent, de liane en liane à l'intérieur de l'enclos, comme s'il était en fuite.

— Espèce de crapule ! le gronda la vieille dame, malgré tout attendrie. Attends que je t'attrape !

Puis elle se tourna une dernière fois vers les détectives :

— Je vous laisse, les enfants. Amusez-vous bien au zoo !

— Et voilà, conclut, à son tour, le docteur Bérard lorsque Mme Mézière eut tourné les talons. Vous l'avez entendu comme moi, c'est maintenant à la police de prendre le relais de cette affaire.

Il consulta sa montre.

— D'ailleurs, moi aussi, j'ai du travail : les pélicans doivent être vaccinés. Suzanne vous racontera demain, à l'école, comment se sera achevée cette histoire.

Interloquée, Léa le regardait s'éloigner.

— Il est gentil, murmura-t-elle, mais on voit bien qu'il ne nous connaît pas. Comme si les Pirates étaient du genre à jeter l'éponge !

— C'est vrai : cette chronique falsifiée est une affaire idéale pour nous, approuva Quentin. À propos, avez-vous remarqué que le professeur n'a pas semblé surpris d'apprendre que celle-ci avait été tronquée ?

— Oui, répondirent les jumeaux en chœur.

— On aurait dit qu'elle était déjà au courant, ajouta Lucas. Mais, pour en avoir le cœur net, il nous faudrait des preuves.

Les trois amis errèrent un moment dans le zoo immense. Soudain, le visage de Léa s'éclaira.

— Exact ; et des preuves, je sais où nous pouvons en trouver ! déclara-t-elle.

Qu'a découvert Léa ?

7. Au second coup d'œil

Léa emmena les garçons devant une maison ancienne en brique nichée dans un coin reculé du zoo.

Au-dessus de la sonnette, une étiquette portait la mention « Mézière ».

— Une chance que la maîtresse des lieux soit si étourdie, s'exclama Lucas en examinant la façade. Deux fenêtres du premier étage sont restées ouvertes !

— N'empêche que nous introduire chez elle constituerait une violation de domicile, objecta Quentin. J'ai appris ça, il y a peu de temps, dans un roman policier. Et, de toute façon, comment réussirions-nous à nous hisser jusqu'à ces fenêtres ?

Lucas réfléchissait.

— On pourrait escalader la façade en prenant appui sur le treillis des plantes grimpantes…

— Moi, je préfère entrer par là ! l'interrompit Léa avec un sourire moqueur : elle désigna la fenêtre ouverte de la cave.

Après s'être rapidement assurés que personne ne les observait, les Pirates s'y glissèrent.

— Wouah ! chuchota Léa une fois que ses yeux se furent habitués à la pénombre. C'est rempli de préparations chimiques, ici !

— De quoi ? demanda Lucas, perplexe. Moi, je vois surtout des animaux empaillés. Ça fout les jetons, non ? Vous avez remarqué comment cet écureuil me fixe d'un air mauvais ?

S'enfonçant plus avant dans la cave, ils explorèrent un autre recoin et finirent par tomber nez à nez avec un énorme ours brun.

— Bingo ! s'esclaffa Quentin à voix basse. Moi, je distingue quelque chose d'encore plus intéressant et qui n'a aucun rapport avec toutes ces bestioles empaillées.

Qu'a remarqué Quentin ?

8. Combinaison secrète

Quentin poussa de côté un empilement de cartons derrière lequel il venait de découvrir un coffre-fort.

— Je me demande bien ce qu'il peut contenir…

— Hmm… va savoir : peut-être la vraie chronique, hasarda Léa qui repensait à leur discussion avec le professeur. Vous vous souvenez comme Mme Mézière a ri en disant qu'elle avait toujours pris soin de remettre le livre sous clé ?

Quentin émit un sifflement.

— Exact ! Elle a même précisé que ce genre d'objet était précieux. Suffisamment précieux pour qu'on l'enferme dans un coffre-fort…

— Celui-ci a une combinaison à trois chiffres, constata Lucas. Avant de trouver la bonne, il nous faudrait en essayer des centaines… Cherchons plutôt des indices à l'étage, poursuivit-il en souriant. La directrice est une tête de linotte[1] : elle a forcément noté la combinaison quelque part pour ne pas l'oublier !

Ils trouvèrent l'escalier du rez-de-chaussée. Heureusement, la porte de la cave n'était pas verrouillée, si bien qu'ils purent traverser le couloir à pas de loup. Léa contemplait avec enthousiasme les photos d'animaux suspendues au mur.

— Si, plus tard, je ne deviens pas détective, je me verrais bien exercer le même métier que le professeur. J'habiterais au zoo et ferais des safaris-photos…

Ils entrèrent dans le bureau.

— Ben, ce ne sont pas les bouquins qui manquent ! s'exclama Quentin à la vue des rayonnages croulant sous les livres. Tu crois que, parmi eux, il y a aussi des polars[2] ?…

— Ça m'étonnerait, murmura Lucas en balayant la pièce du regard. Ce sont surtout des ouvrages de biologie. Mais, justement, il y a un truc bizarre.

---

1. tête de linotte : personne très étourdie.
2. polars : romans policiers.

Qu'a relevé Lucas ?

9. Un drôle de monologue[1]

Il pointa du doigt une rangée de livres sur l'étagère près de la fenêtre.

— Dans tous les autres rayonnages, les bouquins sont alignés par ordre de taille. Il n'y a que ceux-là qui sont disposés n'importe comment.

— Tu as raison, constata Quentin en penchant la tête. Je me demande bien pourquoi…

Tout à coup, les Pirates entendirent une clé tourner dans la serrure de la porte d'entrée.

— Mince, Mme Mézière revient ! s'écria Léa, paniquée. Vite, cachons-nous ! Et pas un bruit, hein ! C'est compris, Schumi ?

— Oh, je me fais moins de souci pour Schumi que pour moi, chuchota Lucas en allant s'accroupir avec Quentin derrière un fauteuil. Si ça se trouve, c'est elle qui a tué tous les animaux empaillés de la cave. Et maintenant, elle va peut-être me faire subir le même sort qu'eux…

Il cessa de parler, car le professeur venait de pénétrer à l'intérieur de la maison.

— Oh, quelle bibliophile[2] désordonnée je fais ! se lamenta la vieille dame en se dirigeant vers son bureau. Il ne faudrait surtout pas qu'on apprenne que c'est moi qui ai faussé les dates de la chronique ! Je dois absolument remettre l'original dans la vitrine avant d'appeler la police. Ainsi, tout le monde pensera que ces enfants et Bérard se sont trompés.

Le téléphone sonna, et la maîtresse des lieux décrocha le combiné.

— Alors, quoi de neuf ? demanda-t-elle.

Très intrigué, Quentin risqua un œil derrière son fauteuil… et découvrit avec qui Mme Mézière discutait.

---

1. **monologue** : fait de parler tout seul.
2. **bibliophile** : amateur de livres précieux et rares.

Qui est l'interlocuteur de Mme Mézière ?

10. En y regardant de plus près

Le nom du docteur Bérard s'afficha sur l'écran du poste de téléphone fixe.

— Hein ? Comment ? Qu'est-ce que vous avez fait ? s'écria la directrice interloquée. Vous avez averti la police ? Mais je vous avais pourtant spécifié que je voulais le faire moi-même !

Il y eut un bref silence.

— Non, non, je ne l'aurais pas oublié… Quoi ! la police est déjà sur place ? dit-elle d'une voix soudain tremblante. Bon, d'accord, je lui ouvre la porte.

Elle raccrocha et poussa un long soupir.

— Trop tard, murmura-t-elle, accablée. Tout va être dévoilé. Je ne pourrai pas survivre à une telle honte…

Elle se traîna hors de la pièce et referma la porte derrière elle.

— Eh ben, dites donc, c'était chaud ! s'exclama Quentin en se redressant derrière son fauteuil.

— Mais très édifiant ! ajouta Léa. Le professeur a fait fabriquer une fausse chronique parce qu'elle est fan d'ouvrages anciens. À présent, je suis sûre que l'original se trouve en bas dans le coffre !

— Dont la combinaison à trois chiffres nous manque toujours, rappela Lucas à sa sœur.

— Je n'arrête pas de penser à l'agencement bizarre de cette fameuse rangée de bouquins, dit Quentin. À tous les coups, ça signifie quelque chose…

Se hâtant de retourner près de l'étagère à côté de la fenêtre, il contempla un instant le dos des livres d'un air pensif, puis s'écria :

— Eurêka, j'ai compris !

Qu'a compris Quentin ?

11. Derrière les barreaux

Les jumeaux le rejoignirent illico.

— Ces livres sont rangés selon un ordre permettant de mémoriser le code secret, expliqua Quentin. Ainsi, les premières lettres des titres correspondent à des chiffres. Et ces chiffres sont 4, 5 et 2.

— Ça alors, t'es vraiment génial, Quentin ! s'exclama Léa, bluffée[1]. Jamais je n'y aurais songé moi-même !

Elle lança un regard fébrile[2] aux garçons.

— Bon, on descend à la cave et on récupère la fameuse chronique dans le coffre-fort ?

— Non, répondit Lucas. Laissons Guillaume s'en charger. Tu as entendu comme moi que la police venait d'arriver.

Quentin acquiesça.

— C'est juste ; on ferait mieux de déguerpir. Je vous rappelle que nous venons de commettre une violation de domicile… Allez, suivez-moi.

Nos jeunes détectives foncèrent à la cave, puis quittèrent la maison en escaladant la fenêtre.

— J'ai hâte de voir la tête de Guillaume quand il apprendra que nous avons élucidé une nouvelle affaire ! dit Léa. Vous croyez que Mme Mézière va tout de suite passer aux aveux ?

— C'est… c'est pos… possible. Encore faut-il que… qu'elle puisse… le faire ! bafouilla Lucas, brusquement épouvanté.

Il poursuivit, les yeux écarquillés :

— De toute façon, elle est déjà derrière les barreaux, et malheureusement pas toute seule !

---

1. **bluffée** : épatée.
2. **fébrile** : qui montre de l'agitation ou de l'excitation.

Où se trouve Mme Mézière ?

Racket dans la cour de récréation

1. Un objet volant

La journée suivante démarra par une surprise. Dans la cour de récréation, Suzanne Bérard attendait les Pirates et les accueillit avec une tablette de chocolat géante.

— De la part de mon père ! annonça-t-elle, tout sourire. C'est pour vous remettre de vos émotions d'hier, quand vous avez découvert Mme Mézière dans la cage aux tigres.

— On a vraiment cru qu'elle s'était volontairement laissé enfermer pour être dévorée toute crue, répondit Lucas qui, se remémorant cette scène, en avait encore la chair de poule. Nous ne pouvions pas deviner que la directrice du zoo voulait simplement faire ses adieux à son tigre préféré parce qu'elle craignait devoir aller en prison !

— Si mon père avait su qu'elle était à l'origine de la falsification, jamais il n'aurait averti la police, dit Suzanne. En lui évitant de passer ce coup de fil, il voulait, au contraire, lui rendre service.

— Bien mal lui en a pris, ajouta Léa en fourrant la tablette de chocolat dans son sac à dos. Du coup, le professeur n'a plus eu le temps de replacer le livre original dans la vitrine.

— Pensez-vous qu'on aurait découvert la supercherie[1] si le faussaire ne s'était pas trompé d'année ? demanda Suzanne.

— Aucune idée, marmonna Lucas.

Il fronça soudain les sourcils.

— Tiens, c'est quoi ce truc qui vole dans les airs ?

1. **supercherie** : tromperie.

Qu'a remarqué Lucas ?

2. Englouti par le sol

Le garçon désigna à ses camarades un coin de la cour de récré.

— Ces deux lascars m'ont tout l'air de s'amuser à se lancer un lecteur MP3.

— Ils l'ont piqué au petit avec un pantalon à carreaux, en déduisit Quentin. Le pauvre, il n'a plus que le câble et les écouteurs dans la main !

Les deux garnements se lancèrent une dernière fois le lecteur MP3 avant de quitter la cour en rigolant.

— Vous les avez déjà vus ici ? s'enquit Suzanne.

Les Pirates firent « non » de la tête.

— J'aurais assez envie de les suivre, déclara Léa tandis que retentissait la sonnerie annonçant la première heure de cours. De toute façon, à quelques jours des vacances, on ne fait plus grand-chose en classe…

— Non, sécher les cours ne nous attirerait que des ennuis, jugea Lucas. Demandons plutôt à l'intéressé de tout nous raconter.

Les Pirates cherchèrent du regard l'enfant victime des deux grands, mais lui aussi s'était volatilisé.

Ils ne le revirent pas non plus les deux jours suivants. À croire que le sol l'avait englouti. Quant aux racketteurs eux-mêmes, ils ne réapparurent pas davantage. Arriva alors le dernier jour de classe ; tous les élèves se bousculaient à la sortie de l'école, leur bulletin scolaire à la main.

— Vive les vacances ! s'écria Lucas. On va enfin pouvoir…

— Regardez ! Nos racketteurs sont de retour ! le coupa sa sœur.

Où se tiennent les deux racketteurs ?

3. Une sale affaire

Les deux jeunes gens traînaient devant les grilles de l'école, à côté du parking à bicyclettes.

— Ils attendent visiblement quelqu'un, murmura Quentin.

Au même instant, nos trois détectives aperçurent également, dans la cour, le petit au pantalon à carreaux. Il s'apprêtait à franchir la grille et lançait, de tous les côtés, des coups d'œil apeurés. Mais les deux grands l'avaient repéré depuis longtemps. Ils marchèrent droit sur lui, un mauvais rictus[1] accroché à leurs oreilles.

— Allons-y, lança Léa, tout excitée. Je veux en savoir plus sur cette sale affaire.

Les Pirates les surprirent juste au moment où, d'une main tremblante, le gamin tendait à ses agresseurs son téléphone portable.

— Tu te moques de nous, le nain ? Que veux-tu qu'on fasse de ce portable à l'écran rayé, grogna le voyou aux cheveux noirs. Personne ne nous achètera un vieux machin pareil.

— Ouais, insista le blond. On n'est pas du tout contents de toi. Et quand on n'est pas contents, tu sais ce qu'on a l'habitude de faire…

— Mais c'est le seul portable que je possède, gémit le petit.

— La ferme ! siffla le blond. Ici, c'est moi le boss, okay ?

Léa en avait entendu assez.

— Et nous, nous sommes le Club des pirates, s'interposa-t-elle. Et je vous conseille de laisser ce garçon tranquille !

— Bon sang, v'là les keufs ! s'écria alors l'ado aux cheveux noirs.

Ils décampèrent aussi sec, et leur souffre-douleur aussi.

---

1. **rictus** : grimace.

D'où a surgi la police ?

4. Une victime terrorisée

Débouchant d'une rue perpendiculaire à celle de l'école, une voiture de police s'immobilisa à la hauteur des Pirates.

— Les bulletins scolaires de vos amis étaient-ils plus mauvais que la police ne le permet ? plaisanta Guillaume après avoir baissé la vitre.

— Ce ne sont pas exactement nos amis, rectifia Léa qui lui relata ensuite ce qui venait de se passer.

À mesure qu'il écoutait le récit de la jeune fille, le visage de Guillaume prenait une expression plus grave.

— Ce gosse est harcelé, dit-il finalement. Ses agresseurs le menacent probablement de le battre s'il ne leur fournit pas régulièrement de l'argent ou des objets de valeur.

— Mais, alors, pourquoi a-t-il pris la fuite, lui aussi, en te voyant arriver ?

— Il arrive fréquemment que les victimes soient si terrorisées qu'elles n'osent même plus aller trouver les forces de l'ordre, expliqua Guillaume. Connaissez-vous ce gamin ? J'aimerais beaucoup lui venir en aide.

— Non, j'ignore comment il s'appelle, dit Léa. Et maintenant que nous sommes en vacances et que nous n'aurons plus l'occasion de le croiser, ça va être difficile de se renseigner.

Guillaume poussa un soupir.

— Dans ce cas, je crains que, dans l'immédiat, nous ne puissions pas faire grand-chose. En attendant, je dois vous laisser pour me rendre dans un grand magasin. Le responsable de la sécurité vient d'intercepter une voleuse.

Guillaume redémarra, et les Pirates rentrèrent chez eux à pied.

— Minute ! Je vois là quelque chose qui va peut-être nous éclairer ! s'exclama soudain Léa.

Qu'a vu Léa ?

5. Rue Paul-Bert

Elle leur désigna une lettre échouée dans une flaque d'eau.

— Il y a encore quelques minutes, cette lettre dépassait du cartable du petit !

Léa se baissa et la ramassa du bout des doigts.

« À l'attention de Catherine Marchand, déléguée des parents d'élèves, 7 rue Paul-Bert, Saint-Pierre-sur-Mer », lut-elle sur l'enveloppe avant d'interroger les garçons du regard.

— C'est sûrement sa mère. Allons la trouver !

— D'accord, mais d'abord je veux passer chez moi pour montrer mon bulletin aux parents, déclara Lucas en souriant. Pour une fois qu'il est meilleur que le tien !

Deux heures plus tard, nos jeunes détectives sonnaient à une porte de la rue Paul-Bert. Ils entendirent bientôt quelqu'un s'approcher, puis demander d'un ton hésitant :

— Qui est là ?

Ils reconnurent la voix du petit.

— C'est nous, les Pirates ! répondit Léa. On voudrait discuter de ces abrutis qui t'ont maltraité aujourd'hui.

— Allez-vous-en ! cria l'enfant à travers la porte. Je suis tout seul à la maison et n'ai pas le droit d'ouvrir à qui que ce soit.

Ils l'entendirent pleurer doucement.

— Et, le portable, je le leur ai donné volontairement…

— Arrête de dire des bêtises, répliqua Léa. Tu sais : on veut simplement t'aider.

La porte s'ouvrit alors sur l'enfant qui se tenait devant eux en reniflant.

— Personne ne peut m'aider, articula-t-il.

— Pas si sûr, rétorqua Léa. Au fait, comment tu t'appelles ?

— Paul.

Lucas fronça les sourcils.

— Dis-moi, Paul : ces voyous t'ont encore battu après l'école ?

Qu'a remarqué Lucas ?

6. Un vol filmé

— Ce matin, tu n'avais pas ces bleus sur le bras…

— C'est vrai, confirma Paul en rougissant. Mais… euh… entretemps, je suis tombé.

— Ah oui ? (Quentin posa son bras sur son épaule.) Viens, asseyons-nous sur cet escalier ; tu vas me raconter ce qui s'est réellement passé et qui sont ces sales types.

— Je n'en ai aucune idée, répondit Paul qui se mit alors à tout déballer en sanglotant : deux semaines auparavant, ces garçons l'avaient apostrophé[1] après les cours ; puis ils l'avaient menacé de lui casser la figure s'il refusait d'aller en ville pour leur voler un DVD ; Paul s'était exécuté, et ses racketteurs l'avaient filmé pendant qu'il commettait son larcin[2] ; et, à présent, ils le faisaient chanter, l'obligeant constamment à leur livrer de nouveaux objets sous peine de diffuser le film sur Internet.

— Mais je n'ai plus rien volé dans ce magasin, ajouta-t-il en s'essuyant le bout du nez. Je le jure. Le MP3, je l'ai pris dans la veste de mon papa. Il pense qu'il l'a perdu. Après ça, je ne suis plus allé à l'école pendant deux jours. Mais, aujourd'hui, il fallait bien que je vienne récupérer mon bulletin de notes. Du coup, j'ai apporté le téléphone portable tout rayé de ma sœur.

— Et tu ne sais vraiment pas qui sont ces individus ? insista Lucas.

Paul fit « non » de la tête.

— Mais j'ai entendu qu'ils devaient se retrouver aujourd'hui, à 16 h, près de la fontaine de Neptune.

— Parfait ! dit Léa en consultant sa montre. Allons-y…

Un peu plus tard, les Pirates rejoignirent la fontaine de Neptune. Malgré la foule, Léa reconnut immédiatement les suspects.

---

1. **l'avaient apostrophé** : lui avaient adressé brutalement la parole.
2. **larcin** : vol peu important.

Par où arrivent les racketteurs ?

7. Un magasin biscornu[1]

Arrivés chacun de directions opposées en slalomant à travers la foule sur leur skateboard, les deux vauriens se saluèrent, puis se dirigèrent vers le grand magasin *Marchner*.

— En attendant qu'ils ressortent, on pourrait peut-être manger quelque chose, proposa Lucas qui reluquait, avec envie, le marchand de glaces d'en face. On ne risque pas de les rater : l'établissement n'a qu'une seule issue.

Léa secoua la tête.

— Non, je veux voir ce que ces gars fabriquent là-dedans. Rien de bon, à mon avis…

— Lucas devrait rester à l'extérieur pour surveiller l'entrée, estima Quentin. Ce bâtiment est rempli de recoins. Si nous perdons nos lascars des yeux, au moins Lucas pourra les poursuivre tout seul.

— C'est pas faux, admit Léa. Okay, alors à tout à l'heure. Mais tu ne les laisses pas filer, hein ?

— Bien sûr que non, chef ! répliqua Lucas en s'inclinant devant elle.

La jeune fille répondit en lui tirant la langue, puis elle se rendit avec Quentin à l'intérieur du grand magasin.

Ce dernier était plein de colonnes et de cloisons, si bien qu'il était difficile d'y avoir une vision d'ensemble. Au pas de charge[2], Léa et Quentin parcoururent les différents rayons en scrutant les environs de toute part.

Quentin ne tarda pas à repérer les deux garçons.

— Ça y est : je les vois ! s'écria-t-il.

---

1. **biscornu** : bizarre et compliqué.
2. **au pas de charge** : sans perdre de temps.

Où sont les racketteurs ?

8. D'autres victimes ?

— Ils sont au rayon des jeans ! précisa alors Quentin.

Au même moment, l'ado aux cheveux sombres tourna la tête dans leur direction. Nos deux détectives se réfugièrent immédiatement derrière une colonne.

— Mince, chuchota Léa. Tu crois qu'il nous a aperçus ?

— Je ne crois pas, répondit Quentin, jetant un œil prudent depuis sa cachette pour évaluer la situation. Ils traînent toujours au même endroit et regardent des frusques[1], rapporta-t-il.

— Passionnant ! lâcha sa coéquipière, dépitée.

Elle se pencha également de côté afin de surveiller les suspects.

— Qu'est-ce que tu imaginais ? interrogea Quentin. Qu'ils allaient à nouveau filmer une autre de leurs victimes en train de dérober des vêtements pour leur compte ?

— Ben oui, souffla Léa. Après tout, il est fort probable que, hormis Paul, ils rackettent aussi d'autres enfants pour se faire du cash.

Son ami acquiesça.

— En tout cas, ils semblent être suffisamment riches pour ne rien se refuser. Je n'en reviens pas de les voir essayer autant de fringues !

Les bras chargés de vêtements, les deux marlous disparurent chacun dans une cabine d'essayage. Léa et Quentin durent attendre une éternité avant qu'ils n'en ressortent. Mais les rideaux finirent enfin par être tirés, et les racketteurs remirent jeans et chemises sur les portants[2].

— Apparemment, rien ne leur a plu, affirma Quentin.

— Oh si, s'exclama Léa qui ouvrait grand les yeux.

---

1. **frusques** : vêtements.
2. **portants** : dispositifs servant à suspendre des vêtements pour les présenter à la vente.

Qu'a remarqué Léa ?

9. Des articles sécurisés

— Non seulement ils obligent leurs victimes à voler en leur faveur, mais, en plus, ils volent aussi eux-mêmes ! constata Léa. Je vois des chemises et leur étiquette qui dépassent de sous leur pull.

Visiblement pas pressés de quitter les lieux, les escrocs continuaient à flâner entre les stands.

— Je suis curieux de savoir comment ils comptent sortir. Tous les vêtements sont munis d'un antivol. S'ils passent la porte du magasin avec, l'alarme se déclenchera aussitôt.

— Tu veux dire : ces machins en plastique blanc ? demanda Léa. L'autre jour, je suis venue ici avec Maman. À la caisse, ils ont oublié de retirer l'antivol de la jupe qu'elle venait d'acheter. Tu n'as pas idée du raffut[1] que ça a fait, dès qu'on a franchi le seuil du magasin !

— Et alors, que s'est-il passé ? voulut savoir Quentin tandis que les racketteurs semblaient s'intéresser à des T-shirts arborant des dessins de mangas.

— Le vigile s'est précipité sur nous, raconta Léa. Mais, quand ma mère lui a montré le ticket de caisse prouvant qu'elle avait réglé son achat, tout est rentré dans l'ordre.

Les deux voyous se dirigèrent ensuite au rayon « Sport », subtilisèrent des bandanas[2], puis les fourrèrent sous leur blouson.

— Et notre collègue le vigile, tu le vois quelque part ? questionna Quentin. Pour l'instant, je n'ai repéré qu'une paire de caméras. Peut-être qu'il est en train de surveiller l'établissement depuis son bureau.

Léa parcourut le magasin de son regard de lynx.

— Non ; il est là-bas !

---

1. **raffut** : tapage.
2. **bandanas** : petits carrés de coton imprimé servant de foulards.

Où est posté le vigile ?

10. Un collègue costaud

La jeune fille gloussa à nouveau.

— Il est posté près de la cabine d'essayage et observe ce qui se passe derrière un journal percé de deux trous.

— Le gros, là, c'est lui le vigile ? s'étonna Quentin avant d'esquisser un sourire. Si nos voleurs l'ont repéré, je devine ce qu'ils vont faire : ils se dirigeront tranquillement vers la sortie et, dès que l'alarme se déclenchera, ils se mettront à courir et disparaîtront dans la foule. Le gros bonhomme a intérêt à être en bonne condition physique pour les courser.

— J'appelle Guillaume, annonça Léa en sortant son portable de son sac. Avec un peu de chance, il arrivera juste à temps pour arrêter nos lascars.

Trop tard ! À peine Léa avait-elle raccroché avec Guillaume que le vigile replia son journal, se leva et marcha pesamment[1] jusqu'aux suspects.

Le blond s'alarma le premier. D'un sifflement, il avertit son complice du danger, et ensemble ils décampèrent en courant, suivis de Léa, de Quentin et du vigile tout essoufflé.

— Bon sang, ils sont en train de nous échapper ! s'écria la jeune Pirate.

Les fugitifs venaient, en effet, de franchir le seuil du magasin. Comme prévu, l'alarme se mit à hurler. Heureusement, Lucas se tenait devant la sortie.

D'un croche-pied, il barra la route au blond, sur lequel trébucha aussitôt son comparse ; tous deux s'étalèrent de tout leur long.

— Parfait, les gars ; vous avez même pensé à apporter la preuve de vos sales activités de racket ! ironisa Lucas. Sympa de votre part !

---

1. **pesamment** : lourdement.

Qu'a relevé Lucas ?

11. Happy end !

Le soir même, confortablement installés sur le pont de *La Perle des mers* avec Guillaume et Léon Martin, les Pirates contemplaient la boule de feu du soleil qui disparaissait lentement dans les flots.

— À cette heure-ci, c'est vraiment ici que je me sens le mieux, grogna le vieux loup de mer avec satisfaction. Tout est si paisible. Quoique…

Il tripota sa barbe et adressa un sourire à ses amis détectives.

— … quoique je redoute toujours que vous ne m'annonciez encore une nouvelle affaire. Car alors, adieu la tranquillité !

— Pas de panique, monsieur Martin. Même nous, nous estimons avoir eu notre compte pour aujourd'hui !

Léa bâilla, puis caressa le pelage soyeux de Schumacher.

— Je suis tellement contente que Lucas ait pu voir le portable de la sœur de Paul glisser de la poche de ces sales types !

— Sans ce téléphone, nous aurions eu un mal fou à prouver leur odieux chantage, renchérit Guillaume. Et nous n'aurions pu faire valoir que votre seul témoignage, que les malfaiteurs auraient forcément récusé. Mais, comme ensuite on a pu relever les empreintes digitales de Paul sur l'appareil, leur culpabilité ne faisait plus aucun doute.

— Dis-moi, Guillaume : Paul va-t-il être puni, lui aussi ? s'enquit Quentin. Il a volé ce DVD…

— Cela nous ferait franchement de la peine pour lui, dit Lucas.

— Non, Paul ne sera pas inquiété, le rassura Guillaume. Il est beaucoup trop jeune. Et, de plus, il a commis ce vol contraint et forcé.

— Tant mieux. Une fois encore, tout est bien qui finit bien, conclut, à son tour, Léon Martin. Grâce à mes chers Pirates !

Tout joyeux, ils se tournèrent vers la mer, les yeux rivés sur les derniers rayons du couchant.